歷代皇朝風雲實錄

相位爭奪

前言

在中國封建專制主義的中央集權制度下，宰相是封建官僚政治的代表。相位爭鬥是封建統治集團內部，各種矛盾鬥爭的綜合表現。因此通過對相位爭鬥的探索，可以幫助我們瞭解封建統治集團中，君臣之間、各級官員之間錯綜複雜的權力角逐特點和規律。

一

宰相是中國封建時代輔佐君主管理國家事務的最高行政長官，處於一人之下，萬人之上，其地位之顯赫，權力之巨大，人們曾用「位極人臣」來形容，可說是封建官僚政治矛盾鬥爭的焦點。

宰相由皇帝任免，但也並不是一朝上任便可終身為相。它既不能世襲，也不是終身之職，一般士大夫只要符合條件都可以爭取。當宰相的條件，一是品德和才學，二是皇帝的信任。因此，封建時代的下級官僚，都把出將入相作為自己終身奮鬥的目標。王夫之總結說：「宰相之重，仕宦之止境也，苟資望之可為，皆垂涎而思得。」很多人都覺得自己有做宰相的「資望」，千方百計想得到相位。由於官位有限，而欲得到它的人多，那麼權力鬥爭便不可避免。更由於相位是人臣的最高權位，能夠參加相位爭鬥的人，不僅具備了很高的權力和地位，而且也有著相當的勢力，因此相位爭鬥比一般官僚鬥爭更激烈、更複雜、更殘酷。綜觀中國的封建歷史，圍繞相位的爭鬥，不僅交織著陰謀，也伴隨著血腥。

相位爭奪

（一）宦官爭奪相位。秦始皇建立了中國第一個封建專制的國家後，注重起用人才，因此很多原本地位低下的布衣，便有機會擔當國家要職，也給野心家爭權提供了條件。趙高本來是宦官，秦始皇聽說他幹練有才，精通獄法，便提拔他做了中車府令，專管皇帝的車輿。條件的改變，使他萌發了爭奪大權的野心。他私下勾結公子胡亥，以做為自己爭權的靠山。秦始皇最後一次巡遊天下時，不幸病逝沙丘，他私自扣押了始皇臨終要長子扶蘇繼承皇位的詔書，擁立胡亥篡位，是為秦二世。由於他的策劃和擁立之功，被封為郎中令，位居九卿。趙高為了保住自己既有的地位，便唆使秦二世大興冤獄，殺死朝中很多功名顯赫的大臣，甚至連秦始皇的十二位公子、十位公主都遭到了殘害，受株連的人不可勝數。這樣便為他繼續爭奪相權打下了基礎、鋪平了道路。接著，趙高又施展陰謀，要二世深居宮中，自己和幾個親信侍候在二世身邊，使他不理朝政，一切大權皆控制在趙高手中，甚至連丞相李斯也見不到秦二世。接著，趙高又採用卑鄙手段陷害李斯，將其腰斬，並誅滅三族。李斯死後，朝中便完全由他掌握，逼死右丞相馮去疾之後，秦二世便任命他當了宰相。

宦官身處宮中，圍繞在皇帝身邊，對朝中情況瞭如指掌，這給他們爭權帶來了方便。因此在封建社會中，宦官專權的事情屢有發生。加上這些人生理上的缺陷，心理趨於變態，因此在權爭中手段極其殘忍。

唐朝宦官李輔國，十幾歲便被閹割，送到宮中養馬院。由於他機警圓滑，辦事認真，四十歲時混上了養馬院中管帳的差事。後又被推薦到太子李亨宮中聽差，李輔國非常懂得如何討好太子，取得太子的信任。恰好此時發生了安祿山兵變，唐玄宗帶著太子及部分嬪妃出逃，李輔國不分晝夜緊隨太子，表現得無限忠誠。尤其他知道太子痛恨楊國忠，在馬嵬驛士兵譁變殺楊國忠時，便積極參與，深受太子的器重。在逃跑途中，李輔國分析了當時混亂的形勢，便勸太子北上，並同大臣裴冕等人聯名上書，奉勸太子登帝位。雖然太子左右推辭，但最後還是在靈武即位，是為肅宗。由於他的勸駕之功，肅宗當然把他視為心腹，任其為判元帥府行軍司馬，並且掌管起御前符印、軍隊號令和各地來的文件奏章等等，從此掌握了朝中的軍政實權。

掌握了一定的權力之後，李輔國同其他人一樣，野心大發，開始勾結同黨、排斥異己，為自己獨攬大權鋪路。他首先勾結肅宗所寵愛的張良娣，與她互相利用，陰謀害死了肅宗的長子李俶和三子李倓。因為他們不僅是張良娣兒子成為太子的障礙，也是李輔國獨攬朝政的勁敵。建寧王李倓對李輔國的所作所為早有察覺，便多次勸肅宗不要相信他。李輔國擔心肅宗被說服，便千方百計陷害他。

回到長安之後，李輔國升任殿中監。為了鞏固自己的地位，他利用已有的權力和肅宗的信任，到處安插自己的耳目，打擊排斥異己。最後竟逼迫宰相裴冕與大臣們聯絡，上書推薦他當宰相，真有些急不可待了。後來在肅宗臨死時，李輔國計殺越王李係，囚禁張皇后，擁立太子李俶登極，奪取了宰相的寶座。

宦官當宰相，在中國封建社會中並不多見，他們取得宰相職位都是靠皇帝的權勢。趙高也好，李輔國也好，他們之所以能夠奪得相位的一個共同特點，都是先靠扶持太子，或幫助所扶持的王子篡奪太子位，然後擁立太子登上皇位，利用皇帝的權力控制朝中，獨攬大權，排斥打擊異己，然後奪取宰相寶座。宦官當宰相，表現了當朝制度的混亂，和皇權的削弱。綜觀中國封建社會史，凡是宦官當權的朝代，那個朝代的皇帝肯定無所作為，社會必然動亂不安。

（二）朋黨與相位爭鬥。相位爭鬥不是孤立產生的，在封建官僚集團中，不同的利益集團圍繞著相位展開角逐，宰相只是不同利益集團的代表。因此在相位爭鬥中，往往表現為朋黨之間的對抗。他們拉山頭搞派系，對異己進行打擊排斥。唐代的牛、李黨爭，表現得尤為突出。

牛、李兩黨的形成，是權力鬥爭的結果。唐朝的開科取士，打破了士族壟斷朝政的政治局面，一些地位低下的寒士可以有機會通過進士及第進入朝中做官。唐憲宗時，牛僧孺、李宗閔同年考中進士，又同登制科。他們意氣相投，指斥時政，對當時宰相李吉甫進行了抨擊。後來李吉甫的兒子李德裕攻擊李宗閔科場舞弊，並同鄭覃一起主張罷止科舉考試，朝中要職應由公卿子弟擔任，企圖回復門閥制度。牛僧孺則堅決反對公卿子弟壟斷朝政，他們各自代表了一部分人的利益，於是便形成了兩個不同的利益集團。他們為了爭權奪利，互相排擠，勢不兩立，進行了你死我活的鬥爭。李德裕為宰相時，欲置牛僧孺和李宗閔於死地，派人搜尋其謀反的證據，以陷害之。牛黨執政後，又對李黨進行殘酷報復，羅織李德裕的罪名，最後終於將其整死。他們甚至不能同朝相處，一黨上臺，必定利用相權打擊對方。兩黨根據不同政治形勢的變化，交替執政，輪流外任。雖然他們兩黨都各自不同地為朝中作過貢獻，但他們所搞的黨爭，歷時長久，也給唐朝帶來了極大的危害。

朋黨的另一種形式是攀附黨首，互相勾結，彼此援引，為爭權奪利互相利用。宋代奸相蔡京，史書上稱其為「六賊」之首。他與童貫、王黼、梁師成、李彥、朱耐結為朋黨，禍亂朝廷。他們結黨的目的十分明確，就是結黨營私。與牛李黨爭不同的是，牛李二黨陣線分明，而蔡京為首的「六賊」奸黨，是與朝中所有正直大臣為仇。最初蔡京因坑害同僚、投機取巧，已經爬到了龍圖閣直學士的位置，後被貶到杭州閑居，偶然遇到了在杭州為宋徽宗購買字畫的宦官童貫，於是互相交結，靠童貫的力量得以登上相位。接著利用權勢將地痞朱耐安插到蘇杭應奉局任職，又收買專善投機鑽營的王黼，將其提拔為御史中丞。宦官梁師成見他們在朝中得勢，於是也投靠了他們，蔡京將其薦為太尉。李彥出身於市井無賴，也逐臭而來，圍繞在蔡京周圍。他們朋比為奸，凡是不為其所用的正直朝臣，一概加以打擊排斥。為了達到獨攬相權的目的，把司馬光等一百二十多位大臣定為「奸黨」，並在皇宮門前立下所謂「奸黨碑」。凡是碑上有名的大臣，不僅本人不得復用，就連其子孫也不得起用。前任宰相章惇與蔡京是同鄉，蔡京怕其復相，便將其打入「奸黨」。「六賊」專擅朝政，使北宋政權吏治腐敗，朝綱紊亂，最終斷送了北宋政權。

相位爭鬥與朋黨政治是相輔產生的，宰相一旦執政，必然要選任一批能夠支持自己施政的朝臣，而宰相往往在一朝中有幾個，他們各自都擁有自己的擁護者。那麼宰相之間的矛盾，便是他們擁護者互相鬥爭的根源。如果宰相之間互相爭權奪利，那麼他們的擁護者也變成了對方打擊的對象。因此說相位爭鬥與朋黨之爭是密不可分的，也就是說，相位爭鬥必然會牽扯朝中各派政治勢力。有相位之爭，也就有朋黨之爭，也就會有朝中大規模的政治鬥爭。這種鬥爭在封建統治集團中從未間斷過，只是有時激烈一些有時平緩一些罷了。由於相位爭鬥引出的朋黨政治，使國家機器難以正常運轉，甚至會危及封建帝國的存在，因此在一些朝代中，封建君主也採取了一定的措施加以制止，但收效甚微。

二

相位爭鬥的另一種集中表現，是圍繞著改革展開的。

改革是統治集團運用國家機器解決社會政治、經濟問題的一種手段，在不同程度上反應了社會發展的客觀要求。倡導改革的政治家，往往是具有一定政治遠見的當朝宰相。然而反對改革的舊勢力，在朝中依然十分強大。有時候改革家與反改革者同朝為相，他們代表著不同的利益集團，因而鬥爭更加複雜，更加尖銳，涉及的範圍也更大。圍繞宋代王安石變法和明代張居正變法所展開的鬥爭，可以充分反映出其鬥爭之激烈。

變法改革必然要損害一部分人的利益，因此，既得利益者當然會不顧一切地進行反對。尤其既得利益者多是當朝權貴，他們有著龐大的社會勢力。而改革者往往是新興力量的代表，新與舊的較量也一定是殊死的。當宋神宗將改革派代表王安石召到京師，準備任他參知政事（副相）領導改革時，那些墨守舊章的官僚士大夫們，便對他產生了嫉恨和敵視。唐介首先表示反對，說：「若使王安石為參政，恐多所變更，必擾天下。」韓琦也說：「安石做翰林學士有餘，當執政官則不行。」呂誨更是揑造了王安石的十大罪狀，對其大加誹謗詆毀。總歸一句話，就是要阻止他任副相，以便把他變法的計劃扼殺掉。

由於宋神宗的支持，終於力排眾議，使改革變法得以進行。反變法派便利用各種手段進行破壞，他們甚至利用天象的變化大做文章。當時華山發生了山崩，文彥博竟對神宗說：「市易司不當差官自賣果實，致華山山崩。」真是無稽之談。王安石當即上書反駁：「天文之變無窮，人事之變無已，上下傅會，或遠或近，豈無偶合？此其不足信也。」但是在那科學不發達的時代裡，神宗便對變法產生了懷疑。由於新法的施行，直接由市易司向宮廷和官衙供應所需物品，致使那些以往在購買宮中用品大占便宜的官員一下子無利可圖了，他們便大造謠言，反對新法。神宗的岳父向經，也因為免行錢的實施，而無法從中漁利，便把市面上的各種謠言帶到宮中，在宮中掀起了一次反變法的高潮。他們甚至動員太后向神宗施加壓力：「安石亂天下，怎麼辦呢？」面對反對派強大的攻勢，王安石毅然進行反擊，他提出了著名的「三不足」：「天變不足畏，祖宗之法不足守，人言不足恤。」但是反對派採用了各種手段對王安石變法集團成員進行圍攻、迫害，乃至分化瓦解，王安石最終二次罷相，使變法最終失敗。

明代張居正的改革也是如此。雖然他的改革沒有觸犯封建地主階級的根本利益，但確實觸動了一批官僚的既得利益，於是他們便群起而攻之，公開與之對抗，一時間也是風波迭起。劉臺本是張居正的學生，此時也彈劾老師「威福自己，目無朝廷祖宗之法」。甚至指責張居正結黨營私，貪汙受賄，並要求神宗「抑損相權，毋僨事誤國，臣死且不朽」。根本目的就是要把張居正從宰相的位置趕下臺。可以說變法改革與反對派的鬥爭，是新舊政治勢力之間的鬥爭，其主要表現是相位之爭。因為作為改革家的宰相，他是靠宰相權力的實施來調動國家機器進行改革的，反對派阻止改革，首先就是要把他從相位上拉下來。正當張居正準備把改革向縱深發展的時候，其父在江陵病逝。按照當時的制度，張居正應提出辭職守喪的請求。如果其子在軍隊任職，並恰好處於戰爭，皇帝，可下詔特批繼續任職，這叫「奪情」。而張居正不在軍隊任職，所以不能「奪情」。但改革正處在重要關頭，張居正一旦離職，則一切都將付諸東流。在戶部侍郎李幼孜的請求下，神宗要張居正「奪情」，在京城守喪四十七天，期滿即入署辦公。

「奪情」的詔書一下，引出了軒然大波，朝野上下議論紛紛。一些以維護名教為藉口的士大夫指責他「熱中權勢而不守禮義」。不少人上書反對奪情。他們質問張居正：「位極人臣，反不修匹夫常節，何以對天下後世？」請求神宗讓張居正「奔喪終制，以全大節」。其目的都是要趕張居正離任，以中斷改革。張居正死後，神宗廢去了張居正的大部分措施，使改革最終失敗。

圍繞改革而起的相位爭鬥，是新舊兩種政治勢力的較量，是推動和阻攔社會進步的鬥爭，其影響是相當深遠的。

三

相權是由君主授予的，靠它來治理國家。但是為了防止宰相手中的權力過大，致使大權旁落，給宰相篡位的機會，封建君主總要採取必要的措施對相權加以限制。結果導致了歷代宰相制度、名稱、權限的不穩定。當授予某部門權力時，必定用以制約前一權力部門的權限，同時加上一個新的名稱，規定其權限範圍。

秦朝統一中國後，在新的官僚機構中，皇帝是最高統治者，下設丞相、太尉、御史大夫，以丞相為百官之首，輔佐皇帝，總攬朝政，權力極大。《史記・陳丞相世家》中說：「宰相者，上佐天子理陰陽，順四時，下育萬物之宜，外鎮撫四夷諸侯，內親附百姓，使卿大夫各得任其職焉。」

到了隋唐時期，實行新的宰相制度，以尚書、門下、內史三省首腦為宰相。三省並立，互相制約。由內史擬旨，門下審核，尚書執行。尤其唐代，皇帝為了限制三省權限，還常常挑一些品級低的官員，加上「同中書門下三品」、「同中書門下平章事」等名稱，使其擔當宰相職務。為了分散宰相的權力，唐代還設有樞密使。歐陽修《歸田錄》中記載：「樞密使，唐制以內臣為主，故常與內諸司使、副為伍。自後唐莊宗用郭崇韜，與宰相分秉朝政，文事出中書，武事出樞密。自此之後，其權漸盛。」宋代初期官職承唐制，宋太祖趙匡胤，以同中書門下平章事為宰相，設三個參知政事為副職。神宗五年又加以改革，以尚書左右僕射為宰相，並以尚書左右丞代替參知政事為副相。到了明代，太祖朱元璋廢除了相承已久的宰相制。朱元璋為了加重自己的權力，洪武十三年除掉了胡惟庸等幾位曾任宰相的人後，下令取消了這一職位。他把大權收歸皇室，自己親自掌握。把朝中的實際政務交由六部分掌。朱元璋聲明；「自古三公論道，六卿分職，不聞設立丞相。自秦始置丞相，不旋踵而亡。漢、唐、宋雖有賢相，然其間亦多小人，專權亂政。今我朝罷，丞相，設五府、六部、都察院、通政司等衙門，分理天下庶務，彼此頡頏，不敢相壓，大權一歸朝廷。以後嗣君毋得議置丞相，臣下敢以此請者，置之重典。」清代的官制秉承明制，沒有太大變化。我們從明太祖朱元璋廢除宰相制這一舉措中，基本上可以瞭解君權與相權之間的矛盾。

明初朱元璋設兩個宰相，李善長為左相，右相由徐達擔任。李善長多謀善斷，在朱元璋奪取政權的戰爭中，立下了卓越的功勛。軍事上、經濟上等等方面大小法規制度幾乎都是由李善長組織制定的。明朝建立之後，李善長沒有改變以往的工作方式，尤其身居相位，很多事情就顯得有點自作主張，甚至有些獨斷專行了。漸漸朱元璋的帝權與相權衝突便出現了。朱元璋對這位開國功臣也不好使用強壓的手段，只好一忍再忍，最後好不容易得到一個機會，讓他致仕回家。此時，朱元璋已感到相權太大，弄不好對帝權是個威脅。但是他此時還僅僅認為是李善長個人的情況所致。他是否覺得自己功高蓋世、驕傲自肆？如果換個謙恭穩重的人，就不會出現那些情況。也就是說，問題不是出在丞相這個職位上。因此，當徐達、李善長都致仕後，朱元璋仍保留丞相一職，並任原帥府舊臣汪廣洋擔任。這汪廣洋善揣帝旨，工作極為小心，但能力太差，無所建樹，使朱元璋大感失望。致仕在家的李善長為了能對朝中施加影響，便趁機推薦自己的親信胡惟庸進入中書省，結果被任為右相。

胡惟庸為人精明幹練，上任不久便把中書省大事小情弄得井井有條。朱元璋感到汪廣洋實在不稱職，便將他外放到廣東。其實胡惟庸在入相前就與李善長密謀，要把汪廣洋擠出中書省。因此，在李善長的策劃下，胡惟庸才得以把事情辦得乾淨利索，讓朱元璋非常滿意。汪廣洋離開後，朱元璋才發現胡惟庸與李善長相勾結。此人機詐善變，唯利是圖，而且獨斷專行。使朱元璋十分後悔的是，不該把汪廣洋貶走。朱元璋也是工於心計之人，他為了利用而又能控制胡惟庸，便採取了一個措施，將胡惟庸升為左相，又從廣東調回汪廣洋為右相。朱元璋調他回來的目的十分明確，就是讓他牽制胡惟庸，一方面作為自己的耳目，另一方面分散他的權力。但汪廣洋是個樹葉掉下來也怕打破頭的人，根本沒有發揮作用。朱元璋非常生氣，便準備把宰相制度廢掉。於是便千方百計找尋左相胡惟庸的罪證，否則也不好輕易把相傳了多少代的制度廢掉。終於有御史中丞彈劾胡惟庸結黨謀反，朱元璋便迅速處理，馬上命有關方面審理，即刻處決。隨著胡惟庸的死，中書省同時被撤消，宰相制度在明洪武十三年被廢除。

朱元璋廢除宰相制後，中書省的政事悉歸六部，使中央各權力部門互不統屬，大權統歸皇帝。為了解決擬旨、定製、批示等工作問題，便利用一些在內廷工作的學士、講官，以及翰林院中修史人員的幫助。開始時沒有定編，也不定職，直到明永樂皇帝登極後，才將處理這些文書的人予以定員，也給了定稱，這就是「閣臣」。明代的「閣臣」雖然類似於「宰相」，但權力卻比宰相小多了。這也正是朱元璋限制相權最成功的地方。

四

相位爭鬥是一個十分複雜的歷史課題，我們應當用歷史唯物主義的觀點去分析，去研究它。無論爭奪相位，宰相之間及與官僚們的爭權奪利，還是帝權與相權的互相角逐，都是在一定的歷史條件下產生的，因此不能簡單地去分善惡美醜。還因為在不同的歷史條件下，人的思想、行為可能都會發生變化，有的人可能從邪惡歸於正途，也有的由君子變成小人。如宋代奸相秦檜，最初也是位飽學之士，進士及第後又中詞學兼茂科，也想有所作為。當靖康元年金兵攻打汴京，朝廷主和派向金兵乞和，金兵要求宋朝割讓三鎮時，秦檜立即上疏《兵機四事》，反對割讓三鎮，當他的四條意見被主和派大臣張邦昌壓下，他憤然以辭職相抗，尤其又與主戰派大臣積極主張抗戰，應該說是有民族氣節的。但後來他竟背叛了祖國，成了殺害岳飛的兇手。他可說是一個由君子變成小人的人。但是他為什麼會發生這樣巨大的變化呢？是被逼、被利誘，還是另有原因？可以進行專門研究。但有人說他一開始就是混蛋，假裝主戰，這就未免太主觀。

也有的歷史人物大節可以說不虧，有的甚至對歷史的進步發揮了一定作用。但是同時，他們也搞任人唯親、結黨營私，乃至貪汙納賄那些東西。如王安石是宋熙寧年間變法派領袖，他身任宰相，卻毫無顧忌地利用手中的權力，將自己的兒子、親家安排到朝中機要部門。甚至那些逢迎諂媚之徒，拍馬溜鬚之輩也受到重用。正如司馬光所說的：王安石「汲引親黨，盤踞要津，擠排異己，占固權寵」。變法期間，王安石的重要助手呂惠卿，也利用自己副相的地位巧取豪奪，他同地方官相勾結，向富戶「借」了四千多貫錢，在蘇州購買了大片田產。同是變法首領的章惇，也利用職權在風光秀麗之處建立別墅，購置田產。即使是改革派的總指揮王安石，也曾在江寧「求田問舍」，利用改革變法之機，大發個人之財。再如明代萬曆年間著名的改革家，有「救時宰相」美譽的張居正，在改革開始時，為官清正廉明，整飭吏治，唯才是舉。但是到了改革取得成效之後，便對反對過自己的人大打出手，嚴加排斥，結成張氏小集團。同時也開始居功自傲，喜聽阿諛奉承。禮部侍郎邱岳寫了一副對聯：「日月並明，萬國仰大明天子；丘山為岳，四方頌太岳相公。」張居正喜不自勝，準備對其越級提拔，後因有病才未實現。身為宰相，甚至帶頭科場作弊，大壞科場風紀。在其為相其間，大肆接收請託賄賂，甚至貪汙納私。張居正後來被抄家時，抄出黃金一萬兩，白金十幾萬兩，還有大量的珠寶玉器。雖然他自己不承認貪汙受賄，但事實是否定不掉的。如果單從這一點去看，這與嚴嵩和清代的和珅又有什麼區別呢？

也有人奮鬥的目標無可指責，但是所用的手段卻是十分卑劣的。如發動「甘露之變」的唐代宰相李訓，鑑於宦官勢力對唐朝的禍亂，以剷除宦官勢力為己任。為達到自己的目的，他主動投謁攀結大宦官王守澄的親信鄭注，以作為自己進身的階梯。果然他得到了當朝皇帝文宗的寵信。為了達到可以與宦官勢力較量的宰相位置，他同樣又利用宦官的勢力，首先打敗了以李德裕為首的政治集團「李黨」。接著，又採用了卑劣的手段，擊垮了李宗閔、牛僧孺的牛黨。接著又對朝中一些大臣，進行了殘酷打擊，為自己爭奪相位鋪平了道路。雖然他終於當上了宰相，但是卻遭到了人們的鄙視等等。

總之，在相位爭鬥中，人們以各種面目出現在歷史舞臺上，我們對之應加以認真地分析。今天，我們從封建時代統治階級內部眾多的權爭中，選取十幾次有代表性的權力角逐，編成《相位爭奪》這本書，以使廣大讀者對封建時代統治階級內部爭權奪利有一個初步瞭解，認識其鬥爭的實質，從而加深對中國封建時代專制主義政治的瞭解和認識，掌握其內部鬥爭的特點和規律。

目錄

囤積奇貨，只為竊國

呂不韋原是戰國末期的韓國商人，家住韓國都城陽翟（今河南禹縣）。他的父親靠小本生意起家，雖不算巨富，但日子過得也算殷實，因此希望兒子能繼承父業。可是這呂不韋從小熟讀詩書，心高志大，哪裡會把父親這點殷切期望作為自己的終極目標。他生活的年代正是群雄爭霸之世，英雄人物一日數起。有的人憑三寸不爛之舌，一夜之間稱王為相。雞鳴狗盜之輩，附龍攀鳳，也將彪炳千古。可是他不明白，父親千辛萬苦，經商營業，雖然吃穿不愁，但是卻不為人們所看重。人生竟是這樣不公平。他覺得自己不應該再像父親那樣，為一點蠅頭小利而勞苦一生。有一次他問父親：「爹，耕種一年的盈利是幾倍？」

「有十倍的盈利。」父親回答。

呂不韋又問：「販賣珠寶玉器的盈利是幾倍？」

「有百倍的盈利。」父親漫不經心地回答。

想了一會兒，呂不韋又問：「如果擁立國君呢？」

「其利千萬倍，不可計算。」父親疑惑地看著他說：「別胡思亂想了，好好做你的生意吧。」

擁立國君不僅可以盈利千萬倍，還可以顯耀一時，並保子子孫孫榮華富貴。呂不韋於是暗下決心，要做這盈利千萬倍的生意。

當然，眼下他還是要做那盈利百倍的生意。他來往於各國之間，經商營業，悟通行情。從販賣布帛，到倒賣珠寶，低價買高價賣，雖然歷經千辛萬苦，但幾年下來，卻積攢了萬貫家產。他一邊做生意，一邊注意留心觀察各國的政治形勢。這不僅是做買賣的需要，因為兵荒馬亂，你征我伐，商路不通，會給做生意帶來不便。更主要的是，他在觀察各國的政治行情，是否有千萬倍的生意可做。

這一年呂不韋又來到趙國都城邯鄲，這裡是趙國最繁華的地區，市場十分繁榮。以前他也經常來這裡販賣珠寶玉器，可是這一次他準備長期住在這裡。

此時的呂不韋，已不再是幾年前跑單幫的小商人，而是一位赫赫有名的巨商富賈。憑著自己的萬貫財產，他準備做盈利千萬倍的生意，開始結交各種人物。

有一天，呂不韋來到一家飯店，偶然看見一位公子，二十多歲，儀表不凡，但卻衣著寒酸。他一下子便被這位年輕人給吸引住了，忙問店主：「這個年輕人是幹什麼的？看他的樣子不該是人下之人。」

店主說：「他是秦國的公子，名叫異人，在這裡已經好幾年了。」

原來這異人是秦昭王太子安國君嬴柱的兒子，安國君共有二十幾個兒子，這異人是第九子。他的生母夏姬不受安國君寵愛，又非嫡出，於是便被秦王送到趙國當人質，作為趙、秦交好的條件。可是秦國根本不管異人的死活，多次派兵攻打趙國，所以趙國也就開始對他失禮。戰爭一打起來，趙國便把他抓起來，準備殺掉。雖然現在暫時沒有戰爭，但異人身處異鄉，舉目無親，生活很苦。

呂不韋回到家裡，眼前總是出現異人的影子。他隱約感到，這異人也許就是自己要做的那樁盈利千萬倍的買賣。作為商人，做買賣是要細加盤算的，絕對不能虧本。他對秦國的情況十分了解，秦昭王如果去世，繼承王位的自然是安國君。安國君最寵愛的是華陽夫人，但這位尊貴的夫人卻沒有子嗣。目前安國君尚未立嗣，所以很難預料安國君之後何人為王。如果能想辦法使他成為安國君的嗣子，有朝一日他如果登上王位，憑此時的擁立之功，起碼給自己弄個將相當當？呂不韋反覆思索著，幾乎一夜沒闔眼。

第二天，呂不韋打聽好異人的住處，親自登門拜訪。

異人的住處十分簡陋，他在這裡已經五年了，但秦、趙之間戰爭不斷，他不僅不受禮遇，而且生命都朝不保夕，有個地方安身就行了，哪還敢貪圖在秦國時的豪華舒適。

呂不韋一進屋，四處打量了一番後說：「公子的住處太簡陋了，我可以使你的門第高大起來。」

異人見進來的人一身商人打扮，心裡便有幾分看不上。在那個重農抑商的社會裡，沒幾個人能瞧得起商人。異人笑著說：「我看還是請你先高大自己的門第，然後再來高大我的門第吧。」

呂不韋並沒有計較異人的話中帶刺，接著說：「不，你不懂，我的門第是靠你的門第高大了之後才能高大起來。」異人覺得呂不韋話中有話，便讓他坐下，與他深談了起來。

呂不韋說：「秦昭王年紀大了，可能年壽不會太久。安國君是當今太子，我聽說安國君最寵愛華陽夫人，但是華陽夫人沒有兒子。不過，能夠左右安國君確立嗣位的，只有華陽夫人。如今你有兄弟二十多人，你又是排行中間，不怎麼受到重視，而且經常在諸侯國被抵押作人質。假如秦昭王死去，安國君繼承王位，長子子傒最有希望成為新太子，其他兄弟早晚侍奉在父親跟前，也都能想辦法爭奪太子之位，可你卻一點機會也沒有啊。」

異人聽了他的話，無可奈何地說：「你說得很對，可是又有什麼辦法好想呢？」

呂不韋見他一籌莫展、唉聲嘆氣的樣子，看出異人也絕非安於現狀、不爭不搶之人，覺得可以做這樁買賣。於是便說：「現在你是作為人質，被迫客居在趙國，又很貧窮，肯定拿

相位爭奪

不出什麼錢財去孝敬親長、交結朋友。這樣吧，我雖然也並不富有，但是願意拿出千金替你西去秦國游說，想辦法打通華陽夫人的關節，讓他們立你為她的嗣子。」

正處在窮途末路的異人，聽後十分激動，當即跪到地上向呂不韋叩頭，他熱淚盈眶地表示：「如果您的計策真的能夠實現，我執政之後，願意把秦國的一半分給您，與您共同享有它。」

於是，一個盈千萬之利的買賣成交了。

呂不韋知道，做買賣是要花本錢的。他先拿出五百金給異人，讓他廣泛地結交社會名流，擴大自己的社會影響，又拿出五百金，購買了一批金銀首飾，奇珍異寶，自己帶著到秦國都城咸陽進行游說活動。

從此，呂不韋走上了一條政治冒險之路，他表面上是去為異人爭奪太子之位，更主要是為自己爭奪一席政治地位。

呂不韋來到咸陽之後，首先找到華陽夫人的大姐。他獻上一些珠寶，打通了關節，第二天順利地見到了華陽夫人。呂不韋把所有的珠寶首飾全部獻上。雖然華陽夫人貴為王妃，但呂不韋是位大珠寶商，有些東西卻是華陽夫人所未見過的。因此令華陽夫人十分高興，愛不釋手。

善於察顏觀色的呂不韋見華陽夫人正在興頭上，趕忙向夫人說：「這些奇珍異寶，都是在趙國的秦公子異人孝敬您的。異人是個非常賢孝的人，他廣交諸侯賓客，遍於天下，名滿朝野。異人非常想念夫人和太子，日夜流淚，他常說『我的終身就靠夫人了』。」華陽夫人聽了十分感動。

接著呂不韋又去拜見華陽夫人的姐姐，向她指陳利害，並讓她轉告華陽夫人說：「我聽說過，憑借姿色侍奉人，到容顏衰老時寵愛就會減退。現在夫人侍奉太子安國君，備受寵愛，但是卻沒有為安國君生兒子，應該早作打算，在諸子中挑選一個最賢孝的立為嫡子，認作親子。這樣夫在則尊榮，夫百年之後，所認的兒子繼承王位，您始終不會失去權勢，這樣才能保住萬世富貴。這就是所謂靠一句話就能夠得到萬世之利的上策。如果不抓住目前受寵的有利時機打好基礎，那麼等年老色衰再想說話，還有用處嗎？如今異人賢能，而他又知道自己排行居中，按次位不能被立為嫡子。況且，他的母親夏姬不為安國君喜愛，主動要求依靠夫人。夫人如果能在這個時候提攜異人，讓他成為安國君的嫡子，那麼夫人終生都會在秦國受寵。」

華陽夫人聽完姐姐轉達呂不韋的話後，心裡久久不能平靜。的確，當一個人一切都十分順利的時候，大多想不到還會有不順利，尤其此時華陽夫人寵幸一時，更是想不到日後的危險。當然她也耳聞、目睹了失寵後的王妃是怎樣的悲慘。今天經呂不韋一語點破，心中大為感激。

當天夜裡，她便找機會在太子面前誇讚異人十分聰惠賢能，並說往來趙國的人都很稱讚他。接著華陽夫人又哭哭啼啼地說：「我有幸能夠列位後宮，可是不幸未能生子，希望得到異人，立他為嫡子，這樣也使我有個依靠。」安國君見她說得情真意切，便答應了她的請求，並刻玉符作為憑證，約定推立異人為嫡子。安國君和華陽夫人又贈送很多財物給異人，並且請呂不韋作為異人的老師。因此，異人在諸侯中的名望更大了，趙國君臣對他也改變了看法。

呂不韋的秦國之行，已經達到了預期的目的。因此，他向王侯的寶座之路，又邁近了一大步。

異人在邯鄲城內也沒閒著，他憑著呂不韋給他的黃金，四處打點，上下交通，很快在趙國受到了很多人的稱讚。

現在呂不韋更是不同了，他已經是未來太子的老師。此時他想的不再是如何絞盡腦汁去販賣珠寶，賺取蠅頭小利，他幾乎把全部精力都用在怎樣更牢固地控制異人。

呂不韋在邯鄲城內挑選了一名叫趙姬的歌妓，年方十八歲。此女生得色美質艷，能歌善舞。他不惜重金把她買下，並與之同居。過了一段時間，知道她已懷有身孕。為了爭得日後的權位，呂不韋便同趙姬設下了圈套。

一天，異人應呂不韋的邀請，前往呂不韋的住所飲酒。酒過三巡之後，呂不韋便把趙姬請出來歌舞助興。異人醉眼朦朧向上一瞧，但見這女子如天仙下凡，看得他如癡如狂，兩只眼睛幾乎釘在了趙姬身上。呂不韋馬上使了個眼色，讓她上前給異人敬酒。這趙姬含顰撒嬌，媚態百出，更引得異人六神無主，神魂顛倒。呂不韋此時裝作酒已過量，倒在席上睡著了。異人此刻已不能自制，酒架色膽，便將趙姬順勢攬在懷中，動手動腳。哪知就在此時，只見呂不韋立身而起，滿面怒容，指著異人大聲叱道：「你太不知好歹，竟敢當面調戲我的愛妾。」異人讓呂不韋這一叫，酒登時醒了一半，連忙賠罪。

呂不韋沉思了片刻說：「你我相交多年，如果你真的喜歡趙姬，可以向我直說，何必來這一手。」異人一聽呂不韋的話，忙說：「你對我恩重如山，日後必當重報。」於是呂不韋便慷慨地把趙姬送給異人，但趙姬隱瞞了與呂不韋的祕密。

異人得到了趙姬之後，二人花前月下，情濃意厚地打發著日子。時間過得也真快，不覺數月一轉眼就過去了，趙姬生下一個男孩，異人給他起名叫政。這便是後來的秦始皇。趙姬被立為正夫人。

孩子生下之後，呂不韋和異人的關係更加密切了，他們經常你來我往，呂不韋更是對異人一家慷慨解囊。尤其對孩子更是關懷備至。轉眼三年過去了，孩子長得聰明可愛。

這些年來，呂不韋密切注意秦國的形勢，常常派人去秦國打探消息。他早已知道，因為安國君私立異人為嫡子，宮中諸子們便開始騷動起來。尤其長子子傒，對異人更是不滿。如果按次位排列，他最有希望立嫡。當然他知道眾兄弟肯定也會千方百計與其爭鋒，因此他把全部力量都用在了防止宮內兄弟，哪會想到那個長年在外當人質的異人，不僅得到了父王和華陽夫人的寵愛，還被立為華陽夫人的嫡子。如果按照立嫡不立庶的慣例，自己當太子的希望就沒有了，於是他便千方百計想辦法搞掉異人。他設計了一個陰毒的計劃，想借趙國之手除掉自己的敵手。因此，他串通秦王身邊的人攻打趙國，這樣一來，趙國便很有可能殺掉人質異人，那麼自己才有可能再繼王位。秦昭王為了實行「遠交近攻」，最後統一六國的戰略，完全不顧忌押在趙國的人質異人，同意了派人攻打趙國的請求。他可能覺得自己有二十多個孫子，異人在他們中間並不過分出色，即使被趙國殺了，對秦國的影響也不會太大，反而會增加秦國攻打趙國的口實。

秦昭王五十年十二月，秦國派二十萬大軍攻打趙國，邯鄲的形勢十分緊張。呂不韋因事先探得消息、便在秦軍到來之前，就先把自己的家眷安排好，然後拎著已經準備好的兩個包裹，急忙趕到異人家。他告訴異人現在情況十分危急，必須趕緊離開邯鄲，晚了便走不了了。異人想不到父兄如此無情，匆忙間竟不知所措，呂不韋忙說：「夫人和孩子暫時留在趙國隱藏起來，如果一起走就一個也走不脫。請夫人以大局為重，日後公子有了出頭之日，便來接夫人和孩子，共享富貴。」說著呂不韋從包袱裡拿出一套楚國人的服裝，讓異人穿好，又讓夫人和孩子馬上回娘家躲起來。

呂不韋拉著異人後門出來，當他們跑到城門時，趙國人已經接到秦國派兵攻打邯鄲的密報，正在關閉城門。呂不韋急忙跑上前，對守門的軍官說：「我們倆有筆買賣很急，要到楚國去，請軍爺方便一下。」說著便把包袱裡的黃金遞了上去，那位軍官一看足有五六百金，忙招呼正在關門的士兵說：「他們有急事到楚國，放他們過去。」他們就這樣逃出了邯鄲城。回到咸陽後，他們便急忙去拜見華陽夫人。

此時，華陽夫人正坐臥不安，秦國大軍已經向邯鄲出發。她知道，如果兩國交兵，趙國必殺異人，自己的一番心血便付之東流。尤其聽了上次呂不韋的話，更使她為自己未來的命運擔憂。她在屋裡來回踱著步子，甚至埋怨安國君為什麼不攔住秦國軍隊。正在此時，門人進來報告，說有位楚國人和一個商人求見。

華陽夫人一見來人，非常驚喜，眼前站著的兩個人正是呂不韋和異人。她見異人穿了一身楚服，以為是異人故意這麼穿的，不無感慨地說：「我本是楚國人，我兒是因為體諒我的心思，才作的這個打扮吧。真是個孝子，我一看這衣服便想起故國，你就改名叫子楚吧。」異人連忙叩頭謝恩。

從此之後，華陽夫人與子楚便以母子相稱。子楚經過呂不韋的教導，已經變得十分乖巧，還連帶幾分狡猾。他每天進宮向華陽夫人請安，十分殷勤。

幾年後，秦昭王病死，五十八歲的太子安國君嬴柱登上了王位，華陽夫人被冊封為王后，立三十二歲的子楚為太子。子楚當了太子之後，地位和權勢盛極一時，趙國為了討好子楚，交結秦國，便派人把趙姬和十歲的嬴政送回秦國。

安國君登上王位之後，因為呂不韋護送公子有功，被留在咸陽，但是沒封他什麼官爵。為了實現自己的夢想，早日兌現「盈千萬倍之利」的買賣，呂不韋用重金賄賂孝文王身邊的侍從，偷偷在他的飯食中放了慢性毒藥，三個月後，孝文王便一命歸天，子楚即位登基，是為秦莊襄王。又尊華陽王后為太后，尊生母夏姬為夏太后。立趙姬為王后，嬴政為太子。為了報答呂不韋的「擁立」之功，子楚按照原來的密約，任呂不韋為相國、金印紫綬，封為文信侯，並把河南洛陽附近十萬戶封賞呂不韋做采邑。呂不韋以千金之本錢，終於獲千萬倍之盈利。他終於從商界步入政界，掌握了秦國的軍政大權。

其實呂不韋爭奪權力的方式也並不奇特，靠擁立太子奪得權力的例子不勝枚舉，只是呂不韋採用了商人的手段，使這場爭權更富有戲劇性。

呂不韋掌握了秦國的大權之後，他十分清楚此時的他地位並不穩固。且不說子楚兄弟們與他的明爭暗鬥，就以自己一個商人，只憑三寸不爛之舌，再就是花了點銀兩便當上了宰相，別說朝中大臣不服，就是自己心裡也覺得對不住這相國之位。但是既然當上了，就要保住這相位。於是他開始極力籠絡人才，借以擴大自己的勢力。他開始招攬各諸侯國的名士、謀士、奇人怪杰作為自己的賓客，他不僅有相國之位，又有十萬戶采邑，對賓客的待遇十分優厚，再加上此時秦國是七雄中最大，秦最終統一中國只是時間問題，所以天下豪杰之士紛紛趕來，把作為呂不韋的門客當成一種榮譽。這些門客大多是滿腹經綸、飽讀詩書之士，為呂不韋出謀進言，使呂不韋明白了許多為政之道。他此時也懂了，必須牢牢掌握軍隊，才是鞏固政權的關鍵所在。

呂不韋決定在軍隊中培植自己的心腹親信，他在這方面不僅有眼力，而且還很會玩權術。他沒有找那些功高名盛的將軍，而是先選中了被信陵君打敗不久的敗軍之將蒙驁。此時蒙驁因兵敗，被置於一邊不用，整天消磨在酒中。作為一個將軍打了敗仗，心裡自然覺得羞愧難當，因此意志消沉，準備就此混過餘生。當呂不韋親自登門拜訪，請其重新出山做前鋒將軍時，他激動得不知如何表達自己的感激之情。

呂不韋絕對不用庸人，他選擇敗軍之將蒙驁作心腹是從兩個方面考慮。第一，蒙驁為人忠勇剛毅，曾經戰功赫赫，被信陵君打敗有個中原因，確是將才。第二，蒙驁此時正是走入逆境，如果重新重用，他便會產生知遇之恩，定會忠心不一。

有了蒙驁、王翦等一批虎將作為自己在軍隊中的親信，呂不韋於是著手計劃對外用兵，以進一步掌握、控制軍權。

呂不韋掌握了軍政大權，國家的事務便都由他進行處理，秦莊襄王子楚坐享榮華富貴。他與王后趙姬整日在後宮飲酒作樂，由於縱欲過度，一病不起，不久便去世了。自從呂不韋來到秦國，四年間死了三個國君，因此史有傳說，是呂不韋搞的鬼，是他為了爭權所採取的步驟之一。但卻又無史料以證，姑且存疑。但秦莊襄王確實是死了。

西元前二四六年，呂不韋扶持太子嬴政繼承王位，即後來的秦始皇。趙姬被尊為太后。尊奉呂不韋為相國。國王年紀尚小，因此國家大事，全由呂不韋決策。趙姬讓嬴政尊稱呂不韋為「仲父」。國家的大權全部落在了呂不韋手中，他成了秦國的真正主宰，他可以不受任何約束地按照自己的意圖從事各種活動。此時秦統一六國已基本上成為定局，他正在思索著統一六國後秦帝國長治久安的問題。他常常與門客們討論如何為大一統的新型國家建立一套可行的制度，並在理論上進行探討。他不拘哪門哪派，讓他們暢所欲言，充分發表自己的看法。呂不韋派人分別記錄下來，由他最後編定，並寫了前言，定名為《呂氏春秋》。全書分為八覽、六論、十二紀，共一百六十篇，二十萬言。

很有意思的是，就在秦王嬴政親政的前一年，呂不韋讓人把這部書稿掛在咸陽城門上，更讓人不解的是，書的上方還懸掛著黃金千金，附有呂不韋發布的告示：「有人能增加或減少書中的一個字，就把這千金賞給他。」咸陽城門懸書求改，並且還有千金之賞，一時間吸引了來往過客在此駐足，更有各諸侯國的賓客來此瀏覽。但是轉眼間兩個月過去了，竟沒有一個人敢去為書中增一字或損一字。

呂不韋的這一空前絕後之舉，引來了後代史家們無數的猜測和聯想。這是向即將親政的秦王進行一次無聲的挑戰呢，還是向各國昭示秦國即將完成的封建集權體制？是想檢驗一下自己在國人中的權威呢，還是故弄玄虛？或許這本身是在告示天下，治國平天下的大政方針我已定下，無論你是誰，照著做就是了。或者乾脆說，這也是呂不韋權力之爭的一種方式。

的確，秦王嬴政已經長大了。呂不韋憑著自己多年政治鬥爭的經驗，他感到這位少主是一個絕不容許別人與他分享權力的人。他暴虐、殘忍，但卻是一位有所作為的君主。

秦王嬴政長到二十歲時，體貌魁偉，聰明機敏。呂不韋心裡越來越感到發慌，因為這位秦王越來越不聽話。秦王嬴政有自己的主張，任誰也別想擺布他。尤其令呂不韋擔心的是，他與太后的私情一旦被他看破，那便將是一場災難。

當年莊襄王死時，太子嬴政年僅十三歲。國中的大小事情都是由相國呂不韋和太后決定。因此呂不韋得以經常以商量國是為由，出入太后的甘泉宮。於是倆人舊情復發，每次呂不韋一到，太后便將宮女全部打發出去，以商量國家機密為借口，不准任何人打擾。宮女們一走開，他們便插上房門，過上濃情蜜意的夫妻生活。秦王是一個十三歲的孩子，當然不知其中究竟。現在孩子長大了，呂不韋便想找借口疏遠她。但是趙太后死死抓住他不放，使他欲罷不能。這種擔驚受怕的日子，呂不韋真的過夠了，他必須想辦法從中抽出身來。

終於，呂不韋想出了一個脫身之計，就是把一個淫棍推薦給趙太后，不僅自己可以免於敗露，同時還能討好太后。

呂不韋推薦的這個人名叫嫪毐，是他的一個門客。此人性慾極強，白淨的臉上長著幾根淡淡的鬍鬚，冷眼一看，還真以為是個太監。呂不韋借與太后商談國是為由，把他帶進後宮，初試雲雨之後，令太后大加歡喜。

呂不韋見太后滿意，便用重金收買了施行宮刑的刑官，拔去了他的鬍子，假裝割去了陽物，便讓他以太監的身分進入後宮，侍奉太后。趙太后得到滿足，嫪毐也如願以償。不久趙太后便懷孕了，太后怕被人發覺內情，便裝病求醫，又求神問卜。太后早已買通算卦先生，說宮中有股邪氣致使太后中病，必須遷到西方避災。嬴政不知發生了什麼事情，便同意趙太后遷到城外的一座別宮中去。到了別宮，他們更加大膽妄為，簡直就像夫妻一般生活。在兩年多的時間裡，他們竟生了兩個孩子。他們在私下商議，待始皇死後，就由二子中的長子來接班。

呂不韋終於擺脫太后，可以千方百計來進行權力的爭奪。秦王一旦親政，對他來說真是一個威脅。為了控制秦王，他開始同繆毒互相勾結，培植勢力。

嫪毐現在今非昔比，有太后作靠山，又有相國呂不韋的支持，膽子一大便開始胡作非為。他的欲望也一天大過一天，要求太后為他請功封賞。秦王壓根想不到太后會如此下作，更沒有注意繆毒這樣一個太監，還以為他侍候母親盡心，便封他為長信侯，又給他山陽、河西、太原等地做封地。這謬毒靠出賣肉體，換來了數不清的財富，於是便也學著呂不韋的樣子大興土木。同時他的政治野心也膨脹起來，開始培植死黨，交結權貴，勢力大增。不少勢利小人，也開始走他的門路，悄悄爬上政治舞臺。甚至連掌管秦王璽印的內史肆和主管宮廷保衛的衛尉竭等都是他的死黨，秦王的一切行動都在他的監視之下。

一次參加秦王贏政的冠禮大典，群臣歡宴，嫪毐自然少不了來湊熱鬧。他與幾位太監下棋賭酒，哪知他棋藝不精，連輸幾盤，酒已半酣。接著他們為一棋子爭吵起來，嫪毐大叫：「你們竟敢對我無禮，我是當今皇上的後爹。」太監們一聽，早嚇得魂飛魄散，轉身就跑。繆毒突然覺得自己惹了大禍，酒登時醒了，便急忙帶著隨從跑了。有人把此事報告秦王，秦王即刻派人捉拿嫪毒。

嫪毒回到別宮，請太后給出主意。太后忙將太后璽給他，寫好調兵命令。他又去找內史肆和衛尉竭，騙他們說秦王要誅殺他們，逼他們與自己聯手。繆毒謊稱宮中有人造反，便帶著人向宮中殺來。他想趁機殺死秦王，立自己的兒子為王。秦王聞報，遠處有兵馬殺來，便知是繆毒企圖謀反。即命昌平君、昌文君率部迎敵。並親自登上城樓，向準備攻城的士兵大喊：宮中無事，惡人造反，望你們反戈一擊，定有重賞。那些兵士只是受繆毒的蒙蔽，一見秦王在城樓上喊話，便紛紛散去。嫪毒見大勢已去，領著幾個死黨從東門逃跑，但全被捉住。

接著，秦王帶人到太後宮中進行搜捕，在別宮中搜出太后的兩個兒子，當場令人將其裝在麻袋中打死。然後把太后遷到棫陽宮，軟禁起來，發誓永不相見。對嫪毒的處罰是五馬分屍，滅其宗族。凡其死黨爪牙，不是殺頭就是判刑。此案被牽連進去的有四千餘人，統統被沒收土地財產，押送到四川居住。

呂不韋與此案實有關係，他不僅把嫪毒推薦給太后，而且還是他的支持者。但是呂不韋為相十幾年，黨羽眾多，處理不妥的話，可能會節外生枝。但是此人不除，將來後患無窮。為了暫時穩住他，秦王先免了他相國的職務，讓他回到自己的采邑河南。

呂不韋在河南住了一年多，但是他的影響依然很大，據報去探望他的人很多，很多諸侯國派人來請他到自己國家做官。秦王知道，只要給他機會，他一定還會東山再起。於是秦王給呂不韋寫了一封信：「你對秦國有什麼功勞，秦國封給你河南十萬戶作采邑？你是秦國什麼親人，卻稱呼你為仲父。請你早識時務，快帶上家屬搬到四川去吧！」

讀完秦王的信，呂不韋仰天長嘆，秦王這不是要我自盡嗎？於是懷著極為矛盾的心情，喝下早已備好的一杯鴆酒。

呂不韋一生投機鑽營，為了竊國爭權費盡心機。他本以為做「盈利千萬倍」的買賣可以永世享用，可是到頭來竟人死財亡。

秦王沒收了呂不韋的全部財產。

趙高篡權，禍災秦朝

趙高（？—前二〇七年）是秦始皇的中車府令，專門掌管皇帝出行車輿之事。其父受秦宮刑，母親是官奴婢，兄弟幾個都生於隱宮。雖然他出身低賤，但卻十分精明，善於阿諛取寵，並對獄法律令有很深的研究，很得秦始皇賞識。秦始皇還讓自己最寵愛的第十八子胡亥，跟趙高學習獄訟律法，並常常在外出巡幸中，把皇帝的玉璽交給他保管。然而趙高並不滿足於只作一個侍奉皇帝的中車府令，秦始皇的寵信更使他野心勃勃，幻想當丞相居萬人之上，甚至要過把皇帝癮號令天下。

秦始皇三十七年（前二一〇年）中歷十月，他第五次外出巡游，隨行的有丞相李斯、十八子胡亥及中車府令趙高等。

一行人向東南進發，從雲夢乘船沿江而下，經游九嶷、丹陽、浙江、會稽，又順梅到瑯邪、成山、芝罘等地。一路游山玩水，祭拜先王，刻石記功，轉眼間已達九個月。旅途勞頓，使秦始皇精疲力竭，漸漸生起病來，行至平原津便一病不起，急忙往回返。行至沙丘平臺（今河北省廣宗縣西北大平臺），始皇自知不行了，便讓李斯和趙高起草詔書給在陝西榆林監，蒙恬軍的長子扶蘇：「以兵屬蒙恬，與喪會咸陽而葬。」始皇讓趙高趕快蓋印加封，火速送達。然而信還未交給使者，始皇便病死沙丘平臺，信、璽都在趙高手中。

丞相李斯覺得皇帝死在外地，尚未封立太子，怕發生變亂，因此祕不發喪。於是把始皇的屍體放在原來乘坐的轀輬車中，每天照樣派人送飯送藥，又讓內侍坐在車中答覆群臣奏事。車隊照常緩緩西行，彷彿什麼也沒有發生。但是中車府令趙高卻心中狂動，他覺得這是實現自己政治野心的極好機會，必須抓住，於是一個偽造遺詔、政變竊權的陰謀便產生了。

趙高晉見胡亥，試探地說：「始皇帝去世，沒有留下詔書封別的公子為王，而只單獨賜書給大公子扶蘇，他的意思很清楚。等大公子扶蘇到，辦完喪事就會登基做皇帝，而你卻無尺寸之地，怎麼辦呢？」

胡亥聽了，無可奈何地說：「那也沒有辦法，我聽說明君知臣，明父知子，父皇去世，沒封其他兒子，那還有什麼可說的呢？」

趙高聽了胡亥的話後，便拿出老師教導學生的口氣說：「我看不是這樣，現在天下的生死存亡大權就操在您、我和丞相手中，希望您能認真考慮考慮。況且做皇帝讓別人向自己稱臣，和自己當臣子；統治別人和受別人統治，那可真是天大的差別呀！」

其實胡亥很聽趙高話，心裡早就動心了，但他也知道此事關係重大，弄不好便會有殺身之禍。十分擔心地說：「廢兄立弟，是不義；不遵從父詔畏死，是不孝；才能淺薄，借助別人的力量取得成功，是無能；三者逆德，天下不服，不僅自身難保，就是國家也不會安寧。」

趙高見胡亥信心不足，便歷數歷史上的一些例子來說服他：「我聽說商湯、周武王殺死其國王，天下稱義，不為不忠；衛君殺死其父親，而衛國卻記載其有德，孔子記述了這件事，不為不孝。大行不小謹，有盛德絕不辭讓。鄉村里曲各有特點，文武百官功績不同。因此，顧小而忘大，後必有害。狐疑猶豫，後必有悔。斷而敢行，鬼神都會回避。如果我的想法能成功，希望您能順從。」

胡亥終於被說服，下定決心要隨趙高幹一場，但又怕李斯不同意。趙高心裡也明白：「不與丞相謀，恐事不能成。」下一步就是如何說服李斯了。

李斯原本是楚國上蔡（今河南上蔡縣）的一介布衣。年輕時曾做過管理鄉文書的小吏，每天侍奉長官，唯恐有失。有一次，他看到一種現象：廁所中的老鼠偷吃糞便，總是受到人和狗的驚嚇，一旦人來狗咬，立刻倉皇逃竄；可是糧倉中的老鼠則不同，他們吃著上等的粟米，住的是寬敞的庫房，沒有人、犬的驚嚇。他藉此感悟到：「人的賢達與不肖就像老鼠一樣，只不過是所處的環境和地位不同。」於是他決心脫離貧賤的布衣處境，去做一番事業。追求功名富貴的強烈欲望，使李斯將雄心和野心攪在一起。他辭去了小吏的職位，到千里之外從學於名士荀子，學習帝王之術。完成學業之後，他通過對天下形勢的分析，認為只有秦國在戰國七雄中實力最強，具備了統一中國的條件。在向老師辭行時，他說的一番話，反映了他為自己能做上「糧倉中老鼠」的欲望和人生目標：「我聽人說，機不可失，時不再來，現在七國鬥爭激烈，正是游說之士大顯身手的時刻。出身貧賤不要緊。但是如果安貧樂道，毫無改變生活處境以取榮華富貴的願望，那只是徒有一張好臉孔的禽獸而已。卑賤與貧困是可悲的。處士橫議而又說自己羞於富貴，如此『無為』，只是人們掩飾自己無能的表現，這是不合人之常情的。我將西行游說秦王以取榮華富貴。」在這樣坦率的人生宣言中，李斯邁開了爭功求利的人生之路。

李斯到了秦國後，便投到權勢顯赫的文信侯呂不韋門下為舍人，又被推薦到秦王嬴政身邊當侍從官。他不放過任何一個進言的機會，正如他向秦王所說的那樣：「要成大事便要不失時機，一發現諸侯中有空子可鑽，就要毫不留情地去做。從秦孝公以來，秦國的富強超過關東六國，已經有了六世。現在憑秦的富強，大王的賢能，滅諸侯、成帝業，統一天下，好比掃淨灶上的灰塵那樣方便。這是萬世難逢的良機。」秦王十分讚賞，提他做了長史。李斯竭盡全力輔佐秦王兼併六國，自己也升任丞相，達到了人臣之至尊。

趙高對李斯十分了解，他見到李斯後先問道：「皇上駕崩，賜長子書信讓他經辦喪事，並立他為繼承人，信還沒發出去，皇帝就去世了，沒有人知道這件事。所賜長子的信和符璽都在胡亥那裡，立誰為太子只看您與我怎麼說了，這事您打算怎麼辦？」

李斯不知趙高心裡打什麼主意，當即反駁說：「怎麼說這種亡國之言！這不是人臣所該說的。」

趙高緊逼一步問道：「您自料能力與蒙恬比誰高？功勞與蒙恬比誰高？謀遠而不失與蒙恬比誰高？您與蒙恬比誰更得人心？您與蒙恬比誰同長子的交情更深、更得他的信任？」

蒙氏一家世為秦將，掌管重兵，功高蓋世，李斯只好承認：「這五條皆不如蒙恬。」

趙高於是利用李斯為保功名富貴的心理，直接指陳利弊：「我本來是內宮的廝役，幸以刀筆之文進入秦宮，管事二十餘年，沒見哪一位被罷免的丞相功臣有封為二世的輔佐之臣，全是被誅殺身亡。皇帝這二十幾個兒子，您都了解，長子剛毅勇武，偏愛故人，即位後一定讓蒙恬為丞相，這樣一來，您就不可能拿著王侯的印綬回家享福了。」接著趙高又吹噓胡亥說：「我接受皇上的命令，教胡亥學習，我教他學習法令諸事好多年了，從未看到他有過失。胡亥慈祥仁愛，敦厚篤實，輕視財物，看重士人，聰明但不善言辭，對士人都非常敬重有禮，秦國的那些公子沒有能比上他的。所以他可以繼承皇位。你最好計劃一下，確定他為太子。」趙高向李斯陳示利害，並將兩兄弟的性情作了詳細的比較。但這似乎並未打動李斯。的確，這是犯上作亂的奸行，李斯對此事並不了解底細，弄不好要殺身滅族的。於是他厲聲說：「您趁早回去管好自己分內的事。我李斯遵照皇帝遺囑，自己的命運聽從上天安排，還有什麼拿不定主意的嗎？」

趙高並不退讓，略帶威脅地說：「你自以為現在的處境很安穩，但也可能是很危險的。如果你參與我的計劃，你可能覺得很危險，說不定卻平安無事。一個人要是不能掌握自己的命運，怎能算是聰明人呢？」

李斯聽完了趙高的話，憂心忡忡地說：「我本來是上蔡閭巷的一個布衣，僥幸被皇上提拔為丞相，封為通侯，子孫都封了尊位，賜給厚祿。皇帝是把國家的存亡安危囑托給我，我怎麼能辜負他的恩義呢？忠臣不因怕死而存僥幸於萬一的心理，孝子也不宜過於勤勞而使自己的生命遭受危險，做臣子的只要各守本分的職責就夠了。你不要再說了，再說可要陷我於罪了。」李斯的內心矛盾極了，他幾乎是在哀求趙高，不要讓自己捲入這生死未卜的政治旋渦之中。

趙高聽後早已探出了李斯的心理，於是擺出一副老師的派頭教訓說：「我聽說聰明人處世，凡事靈活多變，不會固執不通。他能夠抓住局勢變化的關鍵，順應潮流；看到事物發展的苗頭，就能知道它原本的方向；看到事物發展的動向，就能知道它的最後結果。現在天下的權威和命運都掌握在胡亥手中，我有辦法揣摩出胡亥的意思來。而且現在扶蘇在外，胡亥在內，始皇為上，扶蘇為下，如果從內部控制外部，由上邊控制下邊，自較方便。一旦錯過機會，上下內外的形勢變化，再想反對扶蘇，就不免變成亂臣賊子了。所以秋天天寒霜降，草木自然零落凋謝；春天天暖冰消，萬物自然生長，這是必然的結果，客觀的形勢，是足以決定人的行為和取捨呀！你怎麼現在還不明白這種道理呢？」

李斯博學多才，對歷史上發生的事十分清楚，他知道這件事的結果是什麼。他不好過分談論個人身家性命的問題，於是只冠冕堂皇地大談對國家的危害如何如何。

趙高看透了李斯的心思，知道他不過是想保住自己的功名利祿，便利誘說：「在上位的和在下位的如果同心協力，就可以保有長久的富貴；宮裡的人和宮外的百官大臣如果互相應和，事情就會成功。你要是聽我的計策，就可以長期享有侯爵，還可以傳給子孫萬代。而且你也可以像王子喬和赤松子兩位仙人那樣長壽，像孔子和墨子兩位聖賢那般聰明智慧。現在你卻捨棄這個好機會不肯聽從，那麼連你的子孫都不免遭殃，我很替你擔心害怕。一個善於自處的人是能因禍而得福的，你打算怎樣處置呢？」

李斯一生為名求利，為子孫著想，趙高的一番話引起了他的沉思。他知道趙高現在的地位，如果不從他，自己一生的富貴可能前功盡棄，甚至會有滅族之災。左思右想不禁老淚縱橫，仰望蒼天，長嘆道：「唉！我偏偏不幸生長在亂世裡，既然不能自殺來報答皇帝，要向哪去寄托我的生命呢？」最終同意了趙高的陰謀，使趙高順利完成了陰謀奪權的第一步。

在趙高精心策劃下，以及胡亥、李斯的參與配合下，一場宮廷政變爆發了。

政變的首要任務是除掉公子扶蘇，因為始皇臨終前只賜詔書給他，要他辦理喪事，他是長子，是當然的皇位繼承者。要殺他並不是一件容易的事，怎麼辦呢？李斯和趙高便偽造了一份皇帝遺詔送給扶蘇，企圖利用死去的始皇來殺掉他。偽造的遺詔中寫道：「我巡行天下，祈禱祭祀各地名山的神明，以便降福延長壽命。現在扶蘇和將軍蒙恬帶領幾十萬大軍，駐紮在邊疆，已有十多年了，不能向前伸展國家領土，士兵的傷亡損失又很嚴重，沒有一點功勞，卻屢次上疏直言誹謗我的所作所為。只因不能解除監軍的職務，以便回朝來做太子，就整天怨恨不平。扶蘇作為人子，實在太不懂得孝順，現在賜劍給你，讓你自殺。將軍蒙恬跟隨扶蘇在外面，既不能改正扶蘇的錯誤，顯然是有意如此，那你也應該知道扶蘇心裡的打算。做人臣的卻不知道忠於國家，現在也賜你自殺，把軍隊交給副將王離。」假詔書很快就送到了上郡扶蘇的手中。

當扶蘇接過偽詔書後，禁不住失聲痛哭，他的確想不到父親會無緣無故地置自己於死地。但是封建的倫理道德要求君叫臣死，臣不得不死，況且扶蘇是一位仁厚的人，自知蒙冤也不肯違抗父命，於是走入內宅，準備揮劍自殺。大將蒙恬覺得事情有些不對頭，忙勸扶蘇說：「陛下如今在外面，還沒有立太子，派我率領三十萬大軍駐守邊疆，讓公子來監督，這關係到國家的安危呀，如今只因來了一個使者，你就想自殺，你怎麼知道這不是奸計呢？我請求您重新去請示一下，等請示之後再死也不遲。」然而扶蘇是一個仁弱的人，他覺得既然父親命令自己自殺，還有什麼請示的必要呢？便揮劍自刎。蒙恬是位剛毅之人，不肯不明不白地死去，被使者派人囚禁在陽周縣。

趙高等人知道扶蘇已死，大喜過望，隨即來到咸陽辦理喪事，立胡亥為太子，即位二世皇帝。胡亥任命趙高為郎中令，成為皇帝近臣，操縱著朝中大權。

然而趙高並未就此罷休，因為他十分清楚，他想真正掌握權力，必須除掉秦始皇的其他兒子，否則他的陰謀敗露時也就是他的死期。於是他又在策劃新的陰謀。

有一次秦二世問趙高，一個君主怎樣做才能既保江山，又能盡情享樂。趙高覺得實施第二個陰謀的機會來了，於是挑唆說：「臣不敢回避斧鉞罪誅，且讓臣說給陛下聽聽，但願陛下能夠考慮，說到沙丘篡位的密謀，諸位公子以及朝中大臣都在懷疑。現在陛下剛剛即位，他們這班人心中總是不服氣，只怕他們要造反了。臣可真是心驚膽寒，就怕沒有好下場，陛下又哪裡能盡情享受這種快樂呢？」

秦二世讓趙高這麼一說，心裡不免慌張，忙問：「那該怎麼辦呢？」趙高見二世面有懼色，覺得掃除自己弄權障礙的時機來了，便陰狠地說：「嚴法而刻刑，令有罪者相坐誅，至收族，滅大臣而遠骨肉；貧者富之，賤者貴之。盡除先帝之故臣，更置陛下之所親信者近之。此則陰德歸陛下，害除而奸謀塞，群臣莫不被潤澤，蒙厚德，陛下則高枕肆志寵樂矣。」

秦二世非常相信趙高的話，讓趙高全權處理此事。於是趙高操起屠刀，大開殺戒，凡是他覺得不順眼的，都堅決除掉。

趙高第一個想除掉是蒙毅，當年趙高受寵時，犯下大罪，秦始皇一時震怒，命上卿蒙毅審訊他，結果被依法判處死刑。然而始皇卻慈心大發，覺得趙高對自己忠心耿耿，又有辦事能力，不忍心殺他，下令免其罪，並官復原職。從此趙高便懷恨在心，總想進行報復。現在機會來了，於是對二世說：「臣聞先帝欲舉賢立太子久矣，而毅諫曰『不可』。若知賢而不立，則是不忠而惑主也。以臣愚見，不若誅之。」昏庸的二世言聽計從，馬上派人囚禁了蒙毅，並下詔給蒙毅：「先主欲立太子而卿難之，今丞相以卿為不忠，罪及其宗，朕不忍，乃賜卿死，亦甚幸矣。卿其圖之。」儘管蒙毅申辯沒有此事，但御史根本不理，將其殺死。

接著趙高又把屠刀揮向十二個公子，其殘暴令人目不忍睹。殺死十二個公子後，還陳屍市面讓眾人看。令人髮指的是，他對十個公主也不肯放過，手段極為殘忍，將她們斷裂肢體而死，也陳屍市面上。把她們的財物抄沒充公，被牽連的人很多。

趙高對大臣及公子、公主的屠殺，使上下一片驚恐。公子高準備逃走，但又怕被滅族，於是上疏說：「先帝健在的時候，每逢臣入宮，先帝就賜給吃的，出宮的時候，也賜臣坐他的車子。先帝內府裡的衣物，臣能得到賞賜，先帝宮中馬房裡珍貴的馬匹，臣也能得到賞賜。臣應該跟隨先帝一同死去，可是當時卻沒能做到。做人子沒盡到孝順，做人臣沒做到忠誠。不忠不孝之人，聲名已經敗壞，是沒有立足在世上的必要了。臣請求準許隨先帝一同死去，但願能安葬在驪山腳下。請陛下可憐臣，讓臣僥幸實現這個願望吧。」

公子高原本想喚起二世的兄弟之情，引發他的惻隱之心。然而愚蠢的二世卻早已泯滅人性，他高興地對趙高說：「他是不是原想叛亂，只因大勢已去才這樣說的。」趙高可不管二世是否有兄弟感情，只要對自己有威脅的人去一個少一個，忙請二世下詔賜死。

二世在趙高的唆使下，對大臣的誅殺越來越兇，群臣們惶惶不可終日，人人都自覺生命不保。

秦二世不理朝政，日日荒淫。他覺得殺了大批宗室人員和大臣，自己便可以盡情玩樂了，便下令修建阿房宮供自己使用。一時間賦斂加劇，守邊城，服勞役，連續的徵調逼迫，使全國傾動。人們怨聲載道，不久便爆發了陳勝、吳廣起義。

此時的趙高，並未看重陳勝、吳廣起義的後果，全部心思都用在如何弄權上。因為公子、公主及大臣們該殺的都殺了，現在是該除掉李斯的時候了。

一天，趙高對李斯說：「關東群盜多，今上急益發徭，治阿房宮，聚無用之物。臣欲諫，為位賤，此真君侯之事，君何不諫？」

李斯在奸謀上的確稍遜趙高。因為趙高為報私仇陷害了太多人，怕大臣們入朝奏事時在二世面前揭露他，於是編了一套瞎話騙二世說：「天子所以貴者，但以聲聞，群臣莫得見其面，故號曰『朕』。且陛下富於春秋，未必盡通諸事，今坐朝廷，遣舉有不當者，則見短於大臣，非所以示神明於天下也。且陛下深拱禁中，與臣及侍中習法事者待事，事來有以揆之。如此則大臣不敢奏疑事，天下稱聖主也。」因此二世聽了他的話，從此深居宮中，不再視朝和召見大臣，一切由趙高處理。當時能見到二世的唯趙高等少數人，李斯也很難見到他。

李斯並不知趙高的奸計，認真地說：「我早就想對他說了，可是現在皇上不坐在朝中和召見大臣，住在深宮裡，我有很多話，沒法傳給他，想見面又無機會。」

趙高見李斯中計，當即表示可以想辦法在二世閑暇時幫他見到二世。

相位爭奪

一次，趙高看到二世正與嬪妃歡宴淫樂，忙派人去告訴李斯說二世正有時間，馬上可去上奏。一連三次，李斯都是在二世與嬪妃歡狎的時候去上奏，二世不明究竟，不禁勃然大怒說：「我平時閑暇的時候丞相不來，我正在閑居獨處時，丞相卻偏偏來請示事情，是瞧不起我呢，還是存心出我的醜？」

趙高見二人都中了自己的奸計，便添鹽加醋地說：「當時沙丘的密謀，丞相曾經參與，現在陛下已經立為皇帝，可是丞相的地位卻沒有提高，顯然他的心裡想割地封王呀，而且陛下不問臣，臣不敢說，丞相的長子李由擔任三川郡守，楚地盜寇陳勝等都是丞相鄰縣的居民，所以丞相縱容他們造反。那些盜寇公開橫行，經過三川郡，李由只是守城，卻不肯出擊。我聽說李由同那些盜寇有公文往來，還沒有調查清楚，所以不敢向陛下報告。而且丞相在外頭的聲威權勢，還超過陛下呢！」

秦二世不辨真偽，對趙高的謊言深信不疑，當即命令趙高派人去調查李由與農民起義軍串通的事。

李斯得知這事後，驚恐萬分，急忙去宮中覲見二世，想把事情說說清楚。可是二世正在甘泉宮觀看角力表演，沒能得見。於是上疏訴說趙高的罪行。李斯畢竟是有經驗的政治家，他通過趙高的所作所為，早已知道其企圖篡位的野心。信中說：「現在有個大臣在您身邊，無論好事壞事，他都獨斷專行，同您的權力沒有兩樣，這就非常危險了……趙高私人的財富，像當年的田常在齊國那樣多，趙高使用田常和子罕倆人的叛逆方式，因而篡奪了陛下的威信。趙高的志向就像韓玘輔佐韓王安一樣，想要滅亡國家。陛下要是不早做打算，臣怕他遲早會叛亂。」

秦二世早已被趙高弄昏了頭，他壓根就沒有對趙高有一絲懷疑，甚至怕李斯借機把趙高殺了，偷偷把趙高叫來，把李斯上疏的內容告訴了他。

李斯的洞察嚇得趙高一身冷汗，心想如果不趕快殺掉李斯，自己就會被李斯所殺。於是假裝替二世擔心的樣子說：「現在丞相所顧慮的只有我趙高了，等我一死，丞相就要弒君篡位了。」二世聽了，還真以為趙高是在為自己著想，決定由趙高去逮捕李斯。

李斯被戴上刑具關進監獄，他透過大牆上邊的小窗口仰望蒼天，不覺悲憤交加，哀聲嘆道：唉！可悲呀！無道的君王，怎能為他出謀獻策呢？從前夏桀殺了關龍逢，商紂殺了王子比干，吳王夫差殺了伍子胥，這三個臣子不是都對國家赤膽忠心嗎？可是最後卻都逃不脫被殺的命運。這是因為他們看錯了對象，盡忠於無道君主啊！如今我的聰明智慧不如他們三位，可是二世皇帝的昏庸荒淫，卻又遠過桀紂和夫差，我因盡忠於二世而被殺，也是應該的……不久的將來，我必定會親眼看到盜寇攻打咸陽城，朝廷轉眼變成廢墟。

然而，趙高是不會讓李斯活太久的，他根本沒有機會看到他所預想的一切。

趙高緊鑼密鼓地辦著李斯一案，李斯此時可以說是他最大的敵人，除掉他不僅可以得到垂涎已久的相位，而且也為篡位鋪平了道路。趙高幾乎逮捕了李斯的所有親族和賓客，同時對李斯進行嚴刑拷打。李斯忍受不了皮肉之苦，只好承認自己有罪。但其內心卻在幻想二世會翻然醒悟，將他赦免。還給二世上疏，敘寫了自己為秦國立下的汗馬功勞，企圖以此打動二世。

趙高知道李斯並未死心，但自己又不能擅自殺他，對此案二世一定會派人復審。趙高於是想了個詭計，命他的親信十幾人，假扮成御史等官員，輪流審訊李斯，如果他改口供，為自己申辯，便遭到趙高手下的嚴刑拷打。皇帝終於派人來復核李斯一案，對證口供，李斯以為和從前一樣，一說真話就挨打，不敢再改口供，承認了自己有罪。復核李斯案的官員不知其中究竟，便按李斯的口供回覆二世。秦二世還真嚇出了一身冷汗，今天終於按照趙高的意圖將李斯挖了出來，高興地說：「要不是趙君細察，我差點上了丞相的當。」忙下令將李斯腰斬。

公元前二〇八年七月的一天，咸陽市籠罩在血雨腥風之中。李斯與其兒子一同被押往刑場，他艱難地行走著，望著眼前熟悉的街市，想到自己將要命喪黃泉，不禁悲從心起。對兒子說：「我想同您再牽著黃狗到上蔡東門外去獵兔子，但那再也不可能了。」父子倆抱頭痛哭。這位幫助秦始皇統一天下，建立起中國第一個中央集權制封建國家的勛臣，被權力所惑，受奸人利用，結果被腰斬於咸陽城下，其父母、兄弟、妻子三族之眾，全被誅殺。

李斯死後，趙高便被任命為中丞相，他終於靠玩弄權術，實現了自己政治野心的第一步。

趙高完全掌握了朝中的大小權力，尤其害死李斯之後，大臣們無不人人自危，趙高更是無所忌憚，為所欲為。有一次他想檢驗一下自己的權威，便讓人帶來一隻鹿到朝中，對二世說：「臣下將這匹獨特的馬獻給陛下。」秦二世仔細地看著眼前的鹿，以為趙高一時搞錯了，說：「趙丞相弄錯了吧，這分明是隻鹿，怎麼說成是馬呢？」他又求證於左右朝臣，說：「眾臣們說說，這不是一隻鹿嗎？」侍立在兩側的大臣們明知這動物確實是一隻鹿，但憑趙高此時的威勢，誰敢說馬？便異口同聲說：「陛下，這的確是一匹獨特的馬。」二世更加驚異，還真以為是自己看走了眼。於是便召來太卜，命將這事算上一卦。那位皇家算命先生煞有介事地說：「陛下春秋郊祀，奉宗廟鬼神，齋戒不明，故至於此，可依盛德而明齋戒。」聽了太卜的分析之後，二世信以為真，於是便進入上林做齋戒。可是二世每天在上林中不是持齋祭祖，而是到處巡行打獵。有個行人誤入其中，竟被二世射死。趙高此時正圖謀推翻二世，借機奪其權，便命他的女婿咸陽令閻樂上奏，說不知什麼人被殺後移入上林。接著趙高便直接勸諫二世：「天子無故戕殺不幸人，此上帝之禁也，鬼神不享，天且降殃，當遠避宮以禳之。」趙高的目的是以避居深宮消災為借口，讓二世不再過問朝中事，大臣們也不敢向其匯報，自己便可以找機會搞掉他。二世為了消災，便聽了趙高的話，出居望夷宮。

一天趙高到望夷宮，詐稱「山東群盜兵大至」。二世聽了嚇得魂飛魄散。問趙高怎麼辦才好，趙高便逼使二世自殺。二世哭著說：「我不當皇帝不行嗎？」趙高陰沉地說：「不行，天下的人都背叛了你，你不死他們是不會甘心的。」二世沒辦法，只好引頸自刎了。

秦二世自殺後，趙高自己掌管起皇帝的璽印，想取而代之，但百官不從，他只好立二世的哥哥子嬰即位。子嬰也是一位很有心計的人，他早已看出趙高的野心，知道如果自己不及早動手，必死於趙高之手。於是便與宦官韓談及其子密謀誅殺了趙高，又夷滅其三族。

歷史無情地告訴人們：弄權術者必死於權術。

亦奸亦雄，千古評說

曹操，字孟德，小字阿瞞。其祖父曹騰是漢朝末年有名的大宦官。父親曹嵩是曹騰的養子，他官迷心竅，做到大司農還不過癮，又花錢一萬萬買了個太尉。生長在宦官人家的曹操，少年時喜好飛鷹走狗，游蕩無度。但他卻頭腦機敏，善於權詐應變。

隨著年齡增長，曹操開始留心世事。眼看奸盜四起，漢室衰敗，陡然激發他立志用世的決心和抱負。漢靈帝熹平三年（一七四年），曹操以孝廉被薦為郎，時年二十歲。當時任尚書右丞、京兆尹的司馬防對曹操很賞識，舉薦他當了洛陽北部尉，負責分管京城北部的秩序。

京城洛陽是魚龍聚集之處，什麼貨色都有，不拿出點真章來，這小官也真就坐不穩。他一上任，先修好所管區內四道城門，又讓人造了數十條五色棒，分掛在門的兩側，並貼出告示：「有犯禁者，不避豪強，皆棒殺之。」漢靈帝身邊太監蹇碩的叔父根本沒把曹操這北部尉放在眼裡，違令夜行，並且還口吐狂言，被曹操棒殺。從此「莫敢犯者」，顯示了曹操執法的嚴明和膽識。然而，社會治安雖然好了，但是那些宦官卻恨透了他，千方百計找碴要整他，

相位爭奪

但一時又拿不出把柄，只好以升官的名義，將曹操打發到離京城較遠的頓丘（今河南清豐西南）當縣令。不久，曹操又被拜為議郎，召回朝廷。但無奈仕途多舛，議郎沒當上一年，曹操又因事被免了官。

當曹操第二次做議郎時，爆發了黃巾農民起義。為了挽救風雨飄搖的東漢王朝，政府派出了全國最精銳的部隊前去鎮壓。於是曹操被任命為騎都尉，操起屠刀，跟隨左中郎將皇甫嵩和右中郎將朱儁，對河南的黃巾軍進行了血腥鎮壓，屠殺了農民軍幾萬人。曹操因戰功升任濟南國相。

濟南是封國，國相的地位相當於太守，管轄十幾個縣。當時縣裡的官吏多是倚仗權貴、魚肉鄉里、無惡不做的貪官汙吏。另外當地迷信之風盛行，僅祠堂就有六百多座，每到拜廟時，一些商人和官吏便大搞迎神賽會，成了他們詐騙錢財的場所。經過一番調查之後，曹操下令把轄區內的祠廟全部拆除，規定一律不准燒香拜神。又上疏揭發了一些貪贓枉法的官吏，結果有八九個為非作歹的縣官被罷免。但是曹操此舉又得罪了那些有權勢的宦官，他們更加痛恨曹操。沒多久，曹操就被召回洛陽，留在朝中當了議郎。

中平六年（一八九年）漢靈帝去世，十四歲的皇子劉辯即位，是為漢少帝。由於少帝年幼，由太后臨朝，國舅何進以大將軍身分輔政。何進欲趁機誅殺宦官，便暗召涼州軍閥董卓進京相助。不料事泄，在董卓進入洛陽前，宦官便殺了何進。袁紹和曹操都是欲殺宦官的同盟，因此袁紹被迫提前行動，把兩千多個宦官全殺了。董卓是個兇殘的人，其早就有占據洛陽的想法。進城之後，大肆燒殺，殘害百姓，掠奪錢財。不久，董卓將袁紹逼走，又廢少帝，另立九歲的陳留王劉協為漢獻帝，自封為太尉，再自為相國。董卓十分欣賞曹操的才能，想拉他當驍騎校尉。曹操是個極具政治頭腦的人，他早已看到董卓的表演，認為他只是逞一時之兇，終必敗。於是改名換姓，離開了洛陽。

回到陳留之後，曹操便開始招兵買馬，準備聯合四方豪杰，共同討伐董卓。陳留太守張邈，兗州刺史劉岱也在準備討伐董卓，對曹操非常支持。尤其當地大財主衛茲見到曹操後對人說：「平天下者，必此人也。」於是傾囊相助，曹操很快建立起了一支一千五百人的軍隊。

不久，各州、郡紛紛起兵，組成了討董聯軍，推袁紹為盟主。然而各軍互相觀望，心懷異志，都想乘機擴大自己的勢力，卻不想與董軍交戰。這使曹操感到心灰意冷，決定獨自發展自己的軍事力量。可是不久，討董聯軍發生內訌，他們之間打得昏天黑地。此時黃巾軍和河北黑山軍的力量也壯大了起來，袁紹為了把自己的勢力擴展到兗州，便派曹操到東郡圍攻黑山軍。接著因青州的黃巾軍進攻兗州，殺死了刺史劉岱，曹操乘機進入兗州，被陳宮等人推為州牧。同時曹操又率軍擊垮了青州的黃巾軍，收黃巾軍中精銳部隊編為青州軍，為自己未來爭奪權力奠定了基礎。

興平二年，曹操打敗呂布，再攻下雍丘以後，兗州的統治基本上穩定了。第二年又擊敗了汝南、潁川等地的黃巾軍，攻下了許昌，使曹操的軍事力量更加壯大起來。此時各地武裝也都各自擁兵自重，稱霸一方，待機而動。曹操為了使自己在軍事和政治上能站穩腳跟，便企圖把漢獻帝控制在手中。獻帝雖然是個傀儡，但畢竟是漢代最高權力的象徵，如果把他拉在手中，便可以掌握主動權。

當漢獻帝因長安兵變外遷，行至河東時，袁紹的謀士沮授對袁紹說：「現在我們冀州剛定，正好把皇上接來，安宮鄴都，挾天子以令諸侯，蓄士馬以討不庭，誰敢作對！」他表示贊同，可馬上又被部將郭圖等人的意見說服，認為漢朝將亡，獻帝也就成了廢物，因此失之交臂。不久獻帝在將軍楊奉等人護送下回到洛陽。可是曹操卻不同，他聽說獻帝到了洛陽後，馬上派部將曹洪去迎聖駕，還親自到洛陽去拜見。他利用朝中大臣之間的矛盾，採納董昭的計謀，派人告訴楊奉，洛陽缺糧，皇上無法居住，請把獻帝暫時南遷魯陽。楊奉此時與舊將各懷異心，也沒加阻攔，於是曹操就把獻帝接到許縣，定許縣為都城，同時把這一年年號改為建安。漢獻帝晉升曹操為大將軍，又加封武平侯，總攬了朝中大權。

袁紹在鄴城聽到曹操迎獻帝到了許都，十分後悔，他知道這將意味著什麼。於是便挖空心思，與曹操爭奪獻帝。他給曹操寫信說：「許下埤濕，洛陽殘破，宜徙都鄄城，以就全實。」此時的曹操，「挾天子以令諸侯」，他根本沒理袁紹擺的盟主架子，反請獻帝下詔訓了袁紹一頓：「你地廣兵多，專門謀取私利，樹立私黨，既不勤王，又擅自征伐，眼裡根本沒有朝廷。」袁紹知道這都是曹操在作祟，但此時已無可奈何。

不久，曹操還是給了袁紹點面子，讓獻帝下詔任命他為太尉，又封鄴侯。這太尉雖位至三公，但卻在大將軍之下，這下可惹火了袁紹，他破口大罵說：「曹操曾幾次走上絕路，都是我救了他，現在竟敢挾天子以令我了。」袁紹一直以盟主自居，甚至野心勃勃，想爭奪大權。早在劉岱殺了東郡太守橋瑁時，袁紹便曾想另立幽州牧劉虞為帝，想拉曹操支持。曹操拒絕說：「董卓的罪惡已暴露天下。我們興兵討伐而遠近紛紛響應，因為這是正義的行為。現在皇帝年幼勢弱，又被奸臣控制，並沒有犯邑王劉賀那般罪過，你們卻要改朝換代，天下怎能安定呢？也罷，諸位自去北方向劉虞稱臣，我還是向西討伐董卓。」袁紹在席上亮出藏了很久的玉印，舉向曹操，以表示自己稱霸天下的野心。曹操這時已下定決心，一定在適當時候，殺掉袁紹。但此時時機未到，因為他知道現在自己的力量還不足以抵擋袁紹大軍。為了暫時緩和關係，曹操只好把大將軍的職務讓給他，而自己則任司空，執行車騎將軍的職務。同時任命謀士荀彧做侍中，掌管尚書的事務。從此，曹操總攬了朝廷軍政大權。

相位爭奪

由於董卓之亂，引出軍閥混戰，農業生產受到極為嚴重的破壞。曹操感到軍糧是取勝的重要基礎，不少軍閥隊伍，雖一時聲勢浩大，但因缺乏糧草，不戰自潰。要想兼併天下，必須糧足兵壯。他接受了棗祗、韓浩等人的建議，開始實行屯田。曹操下達〈置屯田令〉，同時進行了一系列組織安排，首先在許縣開始實行屯田。結果屯田的第一年，即得穀百萬石。接著，曹操又把屯田制度逐步推廣到所轄的兗、豫全境，從根本上改善了糧食問題。既安定了民生，又滿足了軍用，為曹操的統一大業提供了物質條件。

待曹操把朝中各種事情安排妥當之後，便開始運籌帷幄，準備拉開逐鹿中原的戰爭帷幕。曹操分析了當時的軍事形勢：北面是冀州袁紹，南邊是袁術，東邊為呂布，西面是張繡等。在這樣四面受敵的形勢下，曹操決定利用他們各自的矛盾，把他們分化瓦解，然後再逐一擊破。

首先曹操覺得袁紹此時不僅兵強馬壯，而且又是討董盟主，在當時有些影響力，如果與之爭鋒，弄不好會召來圍攻。於是先讓獻帝給其進官加爵把他穩住，留到之後對付。淮南和徐州是兵家必爭之地，此時正由袁術和呂布分據。淮、徐兩地曹操不能不得，但時機不到，於是先用計挑撥呂布和袁術的關係，待他們相爭之後，坐收漁人之利。劉備暫立足於徐州，一時對自己還沒有威脅，先封其為鎮東將軍收買之。

曹操決定首先率軍征討張繡。張繡是驃騎將軍張濟的侄子，張濟在進攻穰城死後，投靠了劉表屯軍宛城。曹操十分清楚，劉表之所以招納張繡，不僅是為了壯大自己的力量，而且更主要是讓他來守住荊州的北大門，借以對付曹操。尤其他在謀士賈詡的輔助下，在南陽招兵買馬，勢力日盛，必須及時剿滅。張繡覺得不是曹操的對手，在賈詡的勸導下舉兵投降。曹操因納張繡叔母為妾惹惱了張繡，於是夜襲曹軍。曹操毫無準備，結果受傷退至舞陰。張繡再率騎兵來攻，曹操敗退許都，張繡乘勢占領了舞陰。曹操多次派曹洪領兵攻打，但皆失利，還屯葉縣。建安三年曹操沒有聽從軍師荀彧的勸戒，又率軍進攻穰城。張繡急忙請求劉表援助，結果劉表出兵，屯於安重，切斷了曹軍後路。恰在此時，荀彧告急，說袁紹準備偷襲許都。曹操匆忙率軍回護，他急中生智，用計打敗張繡，返回許都。張繡感到曹操此去，必來報復，於是便想投奔袁紹。賈詡為其分析利害，勸他投靠曹操。曹操不計舊怨，拜張繡為揚武將軍，又為兒子曹均娶了張繡的女兒，成了親家。

戰爭其實只是不同政治勢力爭奪權力的手段，此時曹操挾天子號令諸侯，很多人便覺得爭之無望，又按捺不住權力的欲望，便想獨立稱帝，另立一家天下。就在曹操第一次征張繡時，袁術便迫不急待地在壽春稱帝。為了培植勢力，他想以聯姻為手段，拉攏呂布以對抗曹操。但由於陳珪的反對，聯姻未成。呂布是一員虎將，曹操想眼下必須穩住他，於是便用獻帝的名義，將呂布封為左將軍，並去信稱讚他制止袁術稱帝，對王室的擁戴，要他同自己共同輔政。呂布得書大喜，立即派陳珪的兒子陳登為特使，到許都謝恩。曹操乘機為陳登父子加官增祿，陳登答應待機為內應滅呂布。袁術對呂布歸服曹操非常憤恨，便派大將張勛分七路殺奔徐州，結果被呂布擊敗，袁術元氣大傷。曹操趁機親統大軍，準備澈底將其擊垮。哪知袁術沒等曹軍到，便棄軍南逃，他的部將橋蕤等被曹軍打得大敗。從此袁術退縮在淮水以南，一蹶不振。第二年曹操消滅呂布之後，袁術的日子更加難過。於是寫信給哥哥袁紹，願意與袁紹聯手禦敵，並擁立袁紹當皇帝。袁紹接到袁術的信後，馬上派人通知袁術，取道徐州北上到冀州來。曹操聞訊後，立即派劉備和朱靈等率軍截擊。袁術剛到徐州，便遭到阻擊，只好掉頭南逃，氣急敗壞，從此一病不起，於建安四年死於江亭。不久曹操又將劉備趕出徐州。

經過三年多的艱苦奮戰，曹操收張繡，殺呂布，逼死袁術，逐走劉備，勢力大增，終於具備了與袁紹爭奪霸權的實力。因此，曹操逐鹿中原的最後決戰即將展開。

建安四年，袁紹在河北地區消滅了公孫瓚之後，取得了幽、冀、青、並四州之地。當他聽說袁術北上被曹軍截擊致死的消息後，怒火中燒，他早有與曹操決戰的想法，但沒有抓住機會。此次想一舉殲滅曹操，統一北方後即稱帝。他親自精選十萬兵卒，戰馬萬匹，準備進攻許都。他的謀士沮授勸他，眼下爭戰不休兵困馬乏，不可輕易出兵，用以逸待勞之計可敗曹軍。但也有些匹勇之夫，好大喜功，鼓動袁紹：「以明公之英武，統河北之強眾，去討伐曹操，易如反掌，何必那麼費事。」經過一番爭論之後，袁紹終於親率大軍，直接殺奔許都。

袁紹將率軍攻打許都，曹軍的一些將領深感恐懼。曹操對眾將說：「我深知袁紹的為人，志大而智少，外表上很兇，內心很膽小。疑心重也很缺威嚴，兵多而指揮不力，將驕而政令不一。土地雖廣，糧食雖豐，正好取來作為我的軍糧。」曹操的確深知袁紹，這番話說得十分透澈，諸將打消了顧慮，積極準備抗擊袁紹大軍。

袁紹大軍進入黎陽後，即派顏良過黃河攻打駐守白馬的東郡太守劉延。劉延告急，曹操一時抽不出兵馬營救。四月，曹操採納了荀彧聲東擊西的戰術，從官渡率軍北上，佯作攻打袁紹後方。袁紹上當，便分出一部分軍隊調往延津，曹操立即率領輕騎直奔白馬，攻其不備，殺了大將顏良。曹操遂解白馬之圍，然後將軍民全部遷出。袁紹聞訊，急忙下令渡河追擊曹軍。曹操見袁軍越來越多，便下令騎兵解鞍放馬，讓馬匹亂跑，以誘敵深入。大將文醜和劉備率五六千騎兵趕到，看見曹軍輜重丟滿地，便搶作一團。曹操見時機已到，令六百騎兵上馬奮擊，袁軍被打得措手不及，混戰中文醜被殺。

初次交鋒，袁紹便連失兩員名將，士氣銳減。曹操企圖乘勝追擊，結果未能取勝。於是雙方展開了對峙。

經過一段時間的休整，袁紹又調集主力部隊向官渡進攻，準備與曹操決戰。此時曹操的軍隊是糧少兵寡，便有收兵的打算。曹操派人給荀彧送信，商討撤兵之事。可是荀彧分析了形勢說：「袁紹以全師聚集官渡，要與明公決勝負。明公以至弱擋至強，若不能打敗袁紹，必為袁紹所乘。這是處在改變天下大局的關頭。」並且進一步指出，曹操以袁紹十分之一的兵力，阻其半年有餘，袁紹不能取勝，說明他已是智窮計盡，千萬不可失去這次擊敗袁紹的機會。曹操堅定了與袁紹決戰的信心，接著曹操採納了荀彧的計策，派徐晃、史渙截燒了袁紹幾千車軍糧。不久，袁紹又從河北運到軍糧一萬多車，屯積在大營以北的烏巢，派大將淳于瓊率近萬名士兵守護。這時袁紹的謀士許攸因家屬被捕而投奔了曹操，把袁紹屯糧的情況全部告訴曹操。

曹操大喜，親自率五千人馬，借夜色掩護，打著袁軍旗號，直奔烏巢。一到烏巢，便縱兵圍屯焚燒起來，淳于瓊慌忙迎戰。曹操率軍猛攻，大破袁軍，斬殺淳于瓊等數千人，把袁紹的一萬多車糧食全部燒盡。

其實在曹操夜襲烏巢時，張郃已建議袁紹派重兵前往營救，可是他只派了少數部隊前往。反而自作聰明地對袁譚說：「趁曹操進攻淳于瓊，我們就去拿下他的大營，使他再無歸處了。」竟令張郃、高覽率重兵去攻打，結果大營未攻下，損失慘重。烏巢失守，糧食盡焚，使袁軍大亂。張郃見大勢已去，又有郭圖陷害他，說他「快軍之敗，幸災樂禍，恐懼不安」。便一氣之下，與高覽投奔了曹操。袁軍全線崩潰，曹操乘勢發起總攻，大獲全勝。袁紹帶領八百騎兵渡河北逃，餘部投降。此一戰，曹操斬殺袁軍將士七萬多人。

官渡之戰的勝利，改變了整個局勢，為曹操統一北方奠定了基礎。

曹操平定了冀、幽、並、青州後，又征服了烏桓，回到鄴城後，為了加強對朝廷的控制，他上疏漢獻帝，「罷三公官，置丞相、御史大夫」。結果由他自己擔任了丞相，事權歸一，總攬了朝中大權。曹操的舉動，引起了一些士族和皇族成員的極大不滿。

此時孫權在長江下游，皇族劉表占據荊州。為了實現統一中國的雄心，曹操決定率軍南下。他首先攻擊的目標是荊州，然後由徐州沿江東下，夾擊孫權。

曹操親自率領十萬大軍直奔宛城，還沒有到達荊州，劉表因病去世。劉表的兩個兒子向來不和，長子劉琦在劉表死前出任江夏太守，次子劉琮繼承了荊州牧。曹操的軍隊一到新野，劉琮便派使者去迎降，曹操非常高興，便欣然接受了他的降請，並且接收了劉表的七八萬軍隊和大量軍用物資。此時曹軍已擴大到二十幾萬人，並在江陵設立了大本營。

劉備自被曹操趕出徐州後，失去了地盤，只好依附劉表，屯兵樊城。他正在加緊訓練軍隊，準備迎擊曹軍。等他知道劉琮投降時，曹軍已到達宛城，於是急忙率領一萬多軍隊向江陵逃去。曹操擔心劉備先占江陵，便親率五千騎兵，日夜兼程進行追擊，結果在長坂擊潰劉備，占據江陵。曹操輕取荊州，再據江陵，躊躇滿志，準備一舉擊敗孫權。

曹操大軍席捲江東，孫權手下的文武官員十分懼怕。是戰是降，孫權一時拿不定主意。又收到曹操的恐嚇信，信中號稱有八十萬大軍，要在吳地同孫權一決高下，意思是逼孫權投降。劉備準備聯合孫權共同抗擊曹操，便令諸葛亮去游說孫權。諸葛亮向孫權分析了取得勝利的可能性：曹操士卒疲乏，不習水戰，新收民眾心裡不服。孫權表示贊同，於是孫劉聯軍組成，準備共同抗擊曹操。

當時，曹操的軍隊屯駐烏林，孫權、劉備聯軍駐在赤壁。曹軍面對大江，發揮不出戰鬥優勢。水軍中又有不習水戰的，而新附的水軍又沒有戰鬥力。再加上北方人不習慣水上生活，很多人得了流行性疫病。為了減少風浪的波動，曹操下令把船艦分排用鐵環鎖在一起。老謀深算的曹操，自以為這是好辦法，便準備尋機向南岸發動進攻。東吳老將黃蓋，看出了連環船的致命要害，趁機向周瑜獻上火攻之計。黃蓋便寫了一封詐降書，約定好投降的日期和信號。曹操因屢戰皆勝，便放鬆了警惕，欣然接受。

一天夜晚，黃蓋帶領數十艘大船出發，船上裝滿了澆了油的乾柴草，外面用布圍好，插上約定旗號，順風向曹操大營駛去。在離曹營不遠的地方，黃蓋命令同時點火，衝向水寨。火借風勢，頃刻間曹營中一片火海。結果曹操的連環船被燒得一乾二淨，周瑜和劉備乘勢向曹軍猛攻，曹軍大敗。這便是有名的「赤壁之戰」。從此曹操退回北方。

赤壁之戰失利後，曹操才真正感到兼並群雄，消除異己並不那麼容易。此時，他的政敵們正在利用他的失敗加緊對他的攻擊。尤其他在政治上實行「挾天子而令諸侯」的方針，政敵們懷疑他有「不遜之志」，要他交出兵權。權力之爭是你死我活的，尤其在漢朝末年那特殊的戰亂年代，更是如此。當然曹操對威脅到自己政權的人，是從來不講客氣的。官渡之戰前，他對車騎將軍董承等人的政變，進行了無情的鎮壓，尤其南下兩個月後，便命親信殺死了政敵孔融。

曹操應該說是一個有頭腦的政治家，如果一味殺戮消滅政敵，反而會樹敵日多，應該在意識形態方面做些工作。於是他發表了《讓縣自明本志令》，表明自己對漢室的忠心，決無「不遜之志」。同時也表明讓他放棄權力是不可能的。可是過了不久，權力的欲望竟使他又逼死了心腹謀士荀彧。說穿了，他的這個目的，只是想安撫一下政敵，但真的對他有威脅，他還是不留情面的。

為了進一步加強對朝廷的控制，鞏固自己的權力，曹操又上疏要獻帝下詔，任命曹丕為五官中郎將，「置官屬，為丞相副」。朝中的事情處理好後，曹操的權力也穩固了，於是他開始新的征戰。

赤壁之戰後，曹、劉、孫三足鼎立之勢基本形成，曹操只好先鞏固北方，然後再想怎樣對付孫權與劉備。

建安十六年三月，曹操表面上派鍾繇討張魯，以激關中諸將反叛，然後再名正言順去討伐。因為當時割據關中的馬超、韓遂都是朝廷命官，如果隨意進攻他們，可能會引起其他地方官不滿。這樣一來，關中諸將因為猜測鍾繇準備來攻打自己，便被迫反叛。當馬超等十餘部屯居潼關，聯合反叛時，便於七月親率大軍前去平叛，向關中進軍。

曹操一到潼關，便把兵馬集中起來，擺出了一副決戰的架式，用以牽制關中聯軍主力。然後暗中派遣徐晃等帶領四千步騎，從蒲坂渡黃河，從而使關西軍腹背受敵。

其實馬超早已料到曹操會來這一手，他估計只要截住曹操的河中糧道，不出二十天必會不戰而退，但由於韓遂的阻止而沒有實行。

在曹操指揮軍隊北渡河水與徐晃等會合時，曹操斷後，馬超率步騎萬餘殺到。當時曹操還在胡床上坐著，遇險不驚。許褚、張郃等急忙扶曹操上船，渡船被順流沖走四五里，馬超等騎兵追射。曹操渡河北上，與徐晃等會合後，打通了河東地區向前線運糧的通道，從而掌握了戰爭的主動權。

當曹軍主力渡過渭水後，馬超多次率軍進行挑戰，曹操緊閉不出，使其戰不能，退不得，只好向曹操求和。曹操乘機挑撥馬超和韓遂的關係，結果使聯軍內部不和，戰鬥力削弱，曹操便突然進攻，大敗關西聯軍，取得統一關西的勝利。

關中平定後，曹操便沒有了西顧之憂，於是開始與孫權爭奪江淮地區。建安十七年十月，曹操率軍征討孫權。在出兵之前，曹操給孫權寫了一封長信，對其進行規勸，勸他投順漢室，並捉劉備以見其誠。孫權當然不會這麼做，當曹操大軍到來時，孫權急忙率軍反擊，大挫曹軍。曹操於是堅守不戰，孫權無論怎樣挑戰，曹操也不加理睬。兩軍相持了一個多月，曹操只好撤軍。

建安二十一年，獻帝進封曹操為魏王。曹操雖然做了王，但他仍舊以丞相兼領冀州牧事。王只是權力的一種象徵，但是丞相卻真正操著權柄，在有生之年，他大概不想讓出這相位了，前此他已將兒子曹丕進為副相，可見他是讓這漢室的相權世代握在曹氏手中了。

不久，曹操又親率大軍南征，迫使孫權同他和好。就在這年冬天，劉備親統趙雲、黃忠等大軍進兵漢中，並用張飛、馬超等配合牽制曹操主力。曹操此次沒有親自迎敵，他擔心朝中可能有人與其爭權，便派曹洪率軍爭奪下辯，命夏侯淵在陽平關阻止劉備的攻勢，他本人坐鎮鄴城，讓丞相長史王必統管御林兵馬督守許都。

這時宮中發生了一次政變，企圖借機將曹操趕下臺。政變主謀是京兆人，名叫金禕，是武帝時大臣金密滴的後代，對曹操控制漢室大權不滿，於是與少府耿紀、司直韋晃等人密謀，他們準備首先殺掉王必以掌握軍隊，然後挾持獻帝以掃除曹魏勢力。他們帶領家兵一千多人，向王必發動進攻，同時放火燒軍營，王必負傷走脫。後來援兵來救，政變者勢單力薄，終於被鎮壓下去了。曹操為了趁機掃除異己，消滅政敵，在宮中進行了一場大清洗，朝廷漢官差不多全被曹操殺掉了。朝中暫時穩定下來。

就在此時，漢中局勢更加嚴峻，劉備大軍與夏侯淵等在陽平關對峙，並派人請諸葛亮發益州兵前往增援。曹操準備親率大軍南入漢中，忽然消息傳來，說劉備在定軍山以老將黃忠斬殺了曹軍主將夏侯淵，令曹操大感悲痛。便率兵經斜谷道進發，三月抵達漢中。劉備此時鬥志正旺，得曹操前來的消息後，自信地說：「曹公雖來，無能為也，我必有漢川矣。」曹操復仇心切，想立即與劉備鬥個輸贏。但是劉備憑險據守，拒不出戰。使曹操處於戰不能，退又不忍的境地。相持了一個多月之後，曹操感到無能為力，加上軍中士兵多有逃亡，於是退還長安。劉備便控制了漢中，這年七月稱「漢中王」。

關羽趁著劉備奪得漢中之時，統率本部軍士從江陵北上，殺奔襄、樊。正好天下大雨，漢水暴漲，淹沒於禁營屯，關羽乘船猛攻，于禁被活捉投降。龐德與關羽展開水上廝殺，後因船翻落水被擒，龐德拒絕投降，被關羽斬殺。曹操急忙加派兵馬，以解樊城之危。不久，曹丕派人來報，說魏諷暗中結黨，勾結衛尉陳禕等人謀反，現在由於陳禕告密，魏諷等人已被誅殺。曹操不由得嚇出了一身冷汗，看來與自己爭權的人從未停止過活動，一旦鄴城有個閃失，那問題可就大了。為了穩固自己的權力，曹操命令曹丕對謀反者進行了殘酷鎮壓，只要受牽連者一概格殺勿論。於是一場血腥的鎮壓開始了，有數千人被殺。

與此同時，曹操又利用孫權與劉備之間的矛盾，拆散了孫劉原定的聯盟。尤其關羽圍攻襄、樊，也使江東的孫權感到威脅，終於說服孫權與曹操聯合起來，並決定偷襲江陵。曹操的謀士故意將孫權準備襲取荊州的消息傳出，以瓦解關羽的鬥志。果然關羽聞知這一消息後，準備回兵救援後方，被徐晃乘機打敗。

在回救江陵的途中，關羽得知公安守將士仁、江陵守將糜芳都降了東吳後，派人到上庸請求蜀將劉封救援，但劉封借口上庸新定，拒不派兵援助。關羽只好走入麥城孤守，被孫權大軍圍困，最後被擒殺，孫權把關羽的頭獻給了曹操。曹操為了表彰孫權，上表漢獻帝封孫權為驃騎將軍，領荊州牧，封南昌侯。孫權上疏向曹操稱說「天命」，勸曹操當皇帝。曹操把孫權的信公開給群臣看，說：「孫權這小子是想把我放到爐火上烤啊。」他當然早已識破孫權的用意。一些大臣如侍中陳群、尚書桓階等，覺得不管孫權什麼用意，曹操征戰三十多年，掃除了群雄，理應正位。陳群說：「現在的漢朝，只不過僅有名分罷了……魏王應期，十分天下有其九，完全應該代漢。民心所望，遠近臣服。所以，孫權稱臣，此天人之應，異氣齊聲。」曹操心裡雖然十分高興，但卻搖了搖頭說：「如果天命在我，我當周文王也就夠了。」也就是說，要像周文王那樣，創造條件，讓兒子去坐天下。

建安二十五年（二二〇年）正月，曹操在洛陽病逝，終年六十六歲。他在遺囑中說：「天下還沒有安定，不得遵循古代的喪制為我安排葬禮。我有頭痛病，一向戴頭巾，死後穿戴要像活著的時候一樣。下葬後，百官都要馬上脫去喪服。屯戍邊防的將士，都不得離開屯所。官員們要各盡職守。入棺時只穿平時穿的衣服，不得用金玉珍寶陪葬。」

曹操的死，也結束了漢朝的歷史。自此，魏、蜀、吳三國鼎立的時代到來。

太監宰相，欺君壓臣

李輔國，本名叫李靜忠。小時候身體很弱，因此不善活動，能夠坐在家裡讀書，雖說不是飽讀詩書，也算懂得一點書計。稍長之後，由於相貌醜陋，又找不到其他合適職業，剛好皇宮內征召餵養馬匹的仆役，便閹割應徵，進了皇家的養馬院。也許是略知書計的原因，他在做養馬官時幹得十分出色，加上他善於察顏觀色，討好上級，很得大太監高力士的賞識。

在李輔國四十歲的時候，被提升為養馬院財務主管。別看這個財務主管官不大，如果幹得好，在朝中的影響是很大的，李輔國十分明白這一點，工作起來更加賣力。自從他主管財務之後，由於他管理得嚴格，大部分馬匹養得膘肥體壯。當時御史大夫王拱兼專管皇家車馬的閑廄使，沒事經常會到養馬院來看看，對他的工作十分滿意，覺得他是個人才，再加上他對人十分謙恭，很有禮貌，便推薦他到太子李亨宮中聽差。王拱當時深受唐玄宗的寵愛，也算是朝中重臣，得到他的推薦，自然會受到李亨太子的重用。

李輔國憑著自己在宮中多年的經驗，清楚地感到，自己如果把太子侍候好了，便不愁發不了跡。於是他辦事更加賣力，也更加小心謹慎。事事迎合太子的心意，漸漸取得了太子李亨的信任。

天寶十五年（七六五年）六月，安史叛軍攻陷潼關，長安形勢十分危急。唐玄宗在萬般無奈的情況下，攜帶楊貴妃姐妹、皇子、皇孫及楊國忠等倉皇出逃。李輔國不分晝夜跟隨在太子左右，表現得十分忠誠，因此更加贏得太子李亨的信任。唐玄宗一行走至馬嵬驛時，從行將士發生嘩變，殺死楊國忠，又迫使玄宗令高力士縊殺了楊貴妃。李輔國知道楊國忠曾勾結李林甫企圖廢掉太子李亨，立武惠妃的兒子壽王李瑁為太子，逼得太子李亨休妻，險遭殺害，此時太子李亨恨透了楊國忠。於是他積極參與了誅殺楊氏兄妹的行動，太子李亨對他更加器重。

誅殺了楊家兄妹之後，當地的百姓紛紛要求玄宗留下領導平叛，但玄宗此時已無心戰事，繼續向西逃跑。

在逃跑的途中，建寧王李倓、廣平王李俶和侍奉皇太子的李輔國看到這是一個不可多得機會，力勸太子李亨分兵北上。李輔國對太子說：「如今殿下跟隨皇上去四川，一旦叛軍燒毀棧道，你還能回來嗎？人心一散，不可復合。不如北上朔方，招集西北邊境兵士，召入郭子儀、李光弼諸將，並力討賊，以安社稷。」李輔國的一番話，令太子李亨十分感動。他感到李輔國不僅忠心耿耿，而且對局勢分析得有條有理，從此對他不僅信任，而且更加器重。同年七月，太子率領部分官兵到達靈武，李輔國同裴冕、杜鴻漸等人聯名上疏，勸進太子李亨即位稱帝。此舉事關重大，太子猶豫不決，李輔國跪拜在太子腳下，說：「將士們都是關中人，每個人都想早點重返家園。如今大家不怕艱難困苦，追隨殿下來到這邊遠之地，無外乎是希望在您的庇護下建功立業。如果殿下您現在不想稱帝，就難以維繫天下人心。」在李輔國的勸說下，太子李亨在靈武城南樓，宣布即位稱帝，這就是唐肅宗，改元至德，尊玄宗為上皇天地。

李輔國因為擁立有功，青雲直上，肅宗任命他為太子詹事、判元帥府行軍司馬。從此，李輔國掌握了朝廷禁軍，成了肅宗的心腹大員。接著肅宗又把宣傳詔命、文奏、符璽、軍號等全都交給了他，這樣李輔國便獲得了軍政大權。

為了鞏固已經得到的權力，李輔國懂得自己出身卑賤，必須取得周圍人的好感，同時也必須有可靠的同盟者支持。這個同盟者必須也是皇帝身邊的人，能夠對皇帝施加影響才行。最後他選中了一個人，就是皇帝身邊的張良娣。

早在肅宗做太子的時候，李林甫為了廢太子，製造了韋堅一案，玄宗認為太子與韋堅之間確有不尋常的關係，太子李亨畏懼不已。因為太子妃是韋堅的妹妹，為了表示自己決心割斷與韋氏家族的聯繫，慌忙上表請與韋妃離婚，逼得太子妃做尼姑。當時太子身邊有一姓張的侍妾，長得也很俊俏，便納為良娣（太子內官）。在隨玄宗逃難之際，張良娣時時伴在太子身邊。每天晚上睡覺的時候，張良娣便在外屋就寢，太子問她這是為什麼，她機靈地說：「如果遇到不測，我在外屋可以擋住敵人，殿下便可從後門逃走。」真是患難見真情，太子聽了她的話，心裡十分感動，難得她在離亂中的一片忠心，從此對張良娣格外厚愛。

李輔國為了得到張良娣的支持，首先就是取得她的好感。平時李輔國想盡辦法討好她，因此事事對她曲意逢迎。恰好此時張良娣也在物色幫手，她見李輔國權傾朝野，深得肅宗寵信，對自己又是百般依附，可為自己所用。二人各懷心腹事，一拍即合。原來這張良娣生下一個兒子，取名李佋。肅宗對這個孩子非常喜歡，封他為興王。張良娣因受寵於肅宗，便想借自己現在的勢頭，讓肅宗立兒子為將來的太子，這樣也可牢固自己以後在宮中的地位。於是在各自利益的基礎上，李輔國和張良娣互相勾結起來。

李輔國首先要鏟除自己繼續向上爬的敵人，而張良娣首先要清洗掉兒子將來做太子可能遇到的阻礙。他們經過密謀之後，確定第一個要鏟除的是肅宗的長子李俶，因為按照封建制度，長子首先是太子的人選。第二個要鏟除的便是肅宗的第三個兒子李倓。因為李倓當時被封為建寧王，他很有頭腦，看問題也十分尖銳，尤其遇事敢言，由於他平時對李輔國的所作所為十分反感，更看不慣張良娣干預朝政，有時私下提醒肅宗，對張良娣和李輔國的話要加以思考，不可過分偏聽偏信。他的話不知怎麼傳到了張良娣、李輔國耳中，他們又氣又怕，對李倓恨之入骨。他們擔心李倓的話會引起肅宗的警覺，必欲置之死地而後快。於是張良娣和李輔國密謀，先讓張良娣在肅宗眼前吹風，然後由李輔國進讒言，兩面夾擊，他們向肅宗說：「建寧王對皇上沒有讓他當兵馬大元帥十分不滿，怨氣十足，現在他心懷不軌，企圖謀害兵馬大元帥廣平王。」肅宗聽了非常氣憤，他因為對張良娣的感激和對李輔國的過分信任，也不去調查是否屬實，立即下詔處死李倓。他以為皇子之間爭權奪位是常有的事，殺死李倓可以警示其他皇子，根本想不到這是二位心腹合謀害自己的兒子。李倓對父皇偏信好人的話十分失望，尤其他不顧父子之情，聽風是雨，對自己惨下毒手更感傷心，於是服藥自盡。聽到皇上賜建寧王李倓死的消息，滿朝大臣都感到十分震驚，他們怎麼也弄不懂，皇上為何無原無故要處死李倓，趕緊進宮勸諫，但建寧王李倓已經含冤九泉。就這樣，耿介忠直的皇子成了張、李專權的第一個犧牲品。張良娣、李輔國十分順利地除掉李倓之後，開始陰謀實施第二個計劃，利用同樣的方式陷害廣平王李俶，但是由於大臣們的竭力保護，他們的陰謀才沒有得逞。

至德二年（七五七年）十月，郭子儀率大軍打敗安祿山叛軍，唐軍收復長安後，肅宗返回京師長安。坐穩皇帝寶座的肅宗被張良娣和李輔國所惑，提升李輔國為殿中監，領閑廄、五坊、營田、裁接、總監使，兼隴右群牧、京畿鑄錢、長春宮等使，又為少府、殿中二監都使。由此可見肅宗對李輔國的恩寵是何等優渥。此時的李輔國已不再是昔日皇宮中養馬院安分守己的養馬小兒和管帳先生了，由於官越升越大，權越握越重，肅宗對自己越發信任，他心中權力欲火也越燒越旺。當然，富有心計的李輔國也清楚，眼下想過宰相癮為時尚早，當務之急是穩固自己現有的地位。為了鞏固自己的地位，李輔國又設置偵聽數十人，分散在各地，負責監視官員的一舉一動，收集各方面的情報。在這些探子們的監視下，各地官員的言行都十分小心，誰稍有一點不利於李輔國的言行，馬上就會遭到刑詢。各州縣報上的案子及對官員的處罰，全都是李輔國一個人說了算，從不講什麼國家法律，全由他個人的好惡決定，他也從來不向皇上匯報。

李輔國正是利用這一切，限制和打擊不利於自己的人。宰相李峴是宗室成員，他對李輔國的專權感到很擔心，於是多次勸諫肅宗，不許李輔國專權亂政。這使李輔國非常嫉恨，便千方百計找機會進行報復。一次，天興縣令處決了風翔馬場一個搶劫的犯人，其實這是在執行國法，為民除害，但別有用心的李輔國卻極力縱容這位搶劫犯的妻子多次上告，說這是一起冤案。在李輔國的操縱下，上告最後成功。於是李輔國乘機大作文章，使一批敢於執法的正直官員被貶。由於宰相李峴與此案有牽連，也被貶為蜀州刺史。李輔國就是這樣，利用一切卑劣的手段，一個一個鏟除可能動搖自己地位的人。

對那些順從依附自己的人，不管是什麼東西，李輔國也會千方百計的收買拉攏，並且封官許願，培植自己的勢力。

有一個名叫申泰芝的奸佞小人，看到李輔國在朝中的權勢日盛，便專拍他的馬屁，以求得一官半職。李輔國用人心切，不久即推薦他當了諫議大夫，後來看申泰芝對自己還是忠心耿耿，又向肅宗奏請，在道州置軍，讓他擔任軍校。這還不算，又假傳聖旨賞賜緋紫品官衣服。結果這申泰芝露出了流氓本相，帶領這些穿金紫衣服的軍士，到處進行搶劫，鬧得當地雞犬不寧。當地人對他們恨之入骨，卻又沒有辦法。申泰芝狗仗人勢，根本不把地方官放在眼裡，雖然有人對他的行為有所指責，但他依然故我。潭州刺史龐承鼎對申泰芝的行為進行了調查，準備為當地除害。就在申泰芝路過潭州北上時，把他捉拿歸案，繳獲他搶來的大量錢財。人贓俱在，按國家法律應判申泰芝死罪。李輔國的探子們在申泰芝被捕之後，早已把消息傳給李輔國，李輔國立刻矯詔，要龐承鼎派人護送申泰芝進京，此案不了了之，使罪犯逍遙法外。不久，李輔國卻另找借口，殺害了潭州刺史龐承鼎。國家的法律公然被當權者踐踏，令朝野之士齒冷，但礙於他的權力，只有敢怒不敢言。

張良娣被冊封為皇后，使李輔國感到腰桿更硬了，他與皇后勾結得更加緊密了。他們相互勾結利用，權力更加大了。在張皇后的幫助下，李輔國掌握了禁衛軍，肅宗還在宮內賞賜給李輔國一套住宅。宰相、文武百官要和皇上討論國家大事，都得經過李輔國事先同意。就是皇帝下的詔書，也必須經過他的簽署，才得以施行。官員們屈於他的權勢，沒有人敢提出疑義。

其實肅宗對李輔國橫行朝中，張皇后干預政事、培植死黨早有耳聞，心裡十分沉重，但事已至此，又拿他們沒有辦法。雖然前有宰相李峴陳奏輔國專權亂政之事，肅宗也下詔分輔國之權，但仍無濟於事。反而使李峴被貶。自此沒人敢再上疏言及李輔國。真是權傾朝野，令人側目。

李輔國有效地打擊了自己的敵人之後，氣勢更加囂張，他每次外出，都有數百名武士前呼後擁，好不威風，滿朝文武，都尊稱其為「五郎」。就連當朝宰相李揆，出身名門望族，被肅宗稱為門第、人物、文章三絕，仍屈於輔國的淫威，稱他為「五父」，對他執弟子之禮。可見此人權勢之一斑。

小人一旦得志，確實什麼事情都幹得出來。要嘛是出於無知，要嘛便是實在控制不住自己的野心。至德二年十二月李輔國又得加開府儀同三司，封郕國公，賜允常住內宅，內宅在皇宮裡。恰好同月裡唐玄宗從四川避難後返回長安。唐玄宗與肅宗經過離亂之後重逢，父子難免互訴流離之苦，因此常在一起談論事變後的一些事情。這李輔國作賊心虛，內心十分緊張。再加上他出身微賤，雖然成了暴發戶，但玄宗周圍的人都很看不起他，這令他非常氣憤。真是又恨又怕。於是他私下暗自謀劃，一定要想辦法把玄宗除掉。玄宗回來，張皇后心裡也著實緊張。因為玄宗在位時就不喜歡她，她當時只是肅宗身邊的一個良娣。她擔心玄宗給肅宗施加影響，使自己失寵。小人總是以自己卑劣的心理去揣度別人，越想越覺得是這麼回事。張皇后、李輔國於是再次勾結在一起，決定把唐玄宗除掉。連太上皇他們都敢算計，其猖狂程度可想而知。

唐玄宗回到長安之後，更加想念在安史之亂中死去的楊貴妃，常常一個人暗自哭泣。事有湊巧，玄宗回來不久，張皇后的兒子李佋患病死去，張皇后十分悲痛，大約是悲極生怨，她硬是把兒子的死同玄宗聯繫在一起，於是向肅宗哭訴說：「老不死的總是哭泣，殃及我的兒子。」從此她更恨玄宗。

肅宗十分關心父親的生活，為了讓玄宗忘掉過去的一切，快樂地度過晚年，他加派了一些宦官、宮人和梨園子弟在玄宗身邊。玄宗住在興慶宮的長慶樓，長慶樓四周的風景十分宜人，玄宗常常在樓上觀賞景色。長慶樓的南邊是大路，有時在樓下過往的老百姓看到玄宗，都跪拜於地，口呼萬歲，玄宗有時也順便在樓下準備些酒食招待他們。尤其外地來京的官員經過長慶樓時，也都順便來拜見玄宗，玄宗都下樓接見，並讓龍武大將軍陳玄禮、內侍太監高力士等陪他們吃飯。李輔國的暗探們早已把這事告知他，他也曾親自看到過人們對玄宗的崇敬之情，這使他萬分恐懼，他害怕玄宗在百官及百姓的擁戴下再度得勢。他知道，如果這樣自己的一切都將化為泡影。他越想越怕，越覺得玄宗的威脅太大，由此加劇了他讒害玄宗的心。當然，他知道肅宗與玄宗有父子之情，如果明目張膽地害玄宗，肅宗絕不會答應。於是便假裝對玄宗十分關心的樣子，反覆對肅宗說：「太上皇住的興慶宮，離街市太近了，經常有一些外地官員和當地百姓打擾他，常常與外邊的人往來並不是一件好事。我聽說太上皇身邊的龍武將軍陳玄禮和太監高力士等人圖謀不軌，企圖奪您的權。如今禁衛六軍的將士，都是您在靈武時擁戴您作皇帝的功臣，他們現在都感到惶恐不安，我反覆向他們解釋，他們還是不放心，我不得不如實向您奏報。」肅宗為人膽小，但比較正派，因此他不太相信李輔國的話，他沉思著說：「上皇年事已高，他不會再來奪取皇位。」李輔國覺得肅宗平時對自己信任有加，言聽計從，今天說到他父親，可能有些不順耳，於是轉過話頭說：「上皇即使本人沒有這個想法，但他能控制住他身邊的那些人嗎？為了國家的安定，現在最重要的是把上皇搬到禁宮住。這樣既可以避開塵囂，又能夠杜絕那些圖謀不軌的人。再說他搬到禁宮後，你們父子還可以常相見，有什麼不好呢？」肅宗為難地說：「上皇願意住在興慶宮，我怎能忍心強讓他搬走呢？」這時張皇后馬上插嘴附和李輔國說：「我們替陛下考慮，還是讓上皇搬遷好了。這樣可以避免後患，請陛下深思。」肅宗仍然覺得這樣不妥，搖頭不語。張皇后不高興地說：「陛下今日不聽良言勸告，日後不要後悔。」說著轉身退了下去。肅宗覺得玄宗確實不可能同自己爭奪皇位，早在安史之亂發生不久，皇帝已經有意把皇位讓給自己，要不是楊國忠兄妹竭力阻攔，詔書就會下來。現在父親在興慶宮安度晚年，如果強令他遷至禁宮，他一定會有想法。李輔國見肅宗沉思不語，真的有些急了，說：「陛下是國家的主宰，應當為國家考慮，應把禍亂消滅在萌芽前，不可以學那些普通人所謂的孝。」說著也轉身出去。

李輔國出宮後，又唆使禁衛六軍的將士，讓他們跪在宮外磕頭大哭請願，要求將玄宗遷到太極宮。肅宗仍然不同意。李輔國見肅宗態度堅決，心裡不由得慌亂起來，他時時擔心玄宗及舊臣對他下手。看來由肅宗下旨讓玄宗搬遷是不可能了，他於是想找其他的辦法試試。

恰巧這幾天肅宗病倒了，李輔國便抓住這個機會假傳聖旨，把興慶宮原有的三百匹馬調走了二百九十匹，僅僅留下了十匹供使用。玄宗不知詳情，以為真是肅宗下的旨意，便無可奈何地對高力士說：「吾兒為李輔國所惑。」

緊接著李輔國又偽造肅宗旨意，請玄宗遊太極宮。玄宗不知其故，便帶高力士等人來到睿武門外，只見有五百多禁衛六軍的武士持刀攔住去路。玄宗十分吃驚，問這是幹什麼？李輔國驕狂地說：「迎請上皇遷居內宮。」高力士趕忙衝上前，指斥李輔國大膽妄為，對太上皇無禮，並令他下馬答話。李輔國原是高力士手下的奴才，高力士本以為他會讓幾分。然而此一時彼一時，眼下李輔國勢頭正旺，根本沒把高力士放在眼裡，他隨手殺了玄宗的一名侍從，同時大罵高力士不識時務，緊接著過來要拉玄宗馬的轠繩，玄宗一驚，差點掉下馬來。高力士並不懼怕，急忙過來扶住玄宗。然後他上前擋住持刀的禁衛軍士：「對太上皇不得無禮！」虎死還有餘威，況且玄宗還是太上皇。武士們收回兵刃，向後稍退。然而李輔國卻並不退讓，他堅持非讓玄宗遷進太極宮不可，玄宗沒辦法，只好在高力士的陪同下來到宮內，居住在甘露殿。一代君主，如今卻受小人脅迫，歷史竟是如此無情。

玄宗住進甘露殿之後，李輔國只許他身邊留下幾個老殘瘦弱的衛兵，像陳玄禮、高力士及其他宮中舊人都被趕走。為了澈底孤立玄宗，李輔國又以陳玄禮、高力士等人陰謀反叛的罪名，強迫陳玄禮告老還鄉，而玄宗的心腹太監高力士被流放巫州。高力士一生侍候玄宗，可謂情同手足，眼下要與玄宗分離，十分悲傷，他想此次一別，可能便是永訣，要求臨行前再見玄宗一面，但是李輔國堅決不同意。

李輔國懼怕玄宗東山再起，威脅自己的地位，對玄宗的孤立達到了病態的程度。不久他強迫玄宗身邊的玉真公主居住道觀，又日夜監視有什麼人同玄宗往來。當時任刑部尚書的顏真卿，率領百官上表向玄宗問安，李輔國馬上上奏肅宗，將顏真卿貶為蓬州刺史。在李輔國的淫威下，就連肅宗皇帝也不敢去向上皇請安了。晚年的玄宗在孤獨和寂寞中度過，他幾乎與世隔絕，最後憂鬱而死。

李輔國有效地控制了玄宗，進而又將他除掉之後，當上了兵部尚書。他的野心又進一步膨脹，公然向肅宗提出要當宰相。肅宗對他的無理要求很不滿意，但又不好矢口拒絕，便寬慰他說：「以你的功勛，什麼官都可以當，只是你的資歷淺了一點，現在提你當宰相，怕大家不服。」李輔國並不知難而退，權力的欲望使他不知羞恥，急忙去找僕射裴冕，要他去串通朝中大臣，聯名上疏推薦自己當宰相。

肅宗此時已經看清了李輔國的嘴臉，心想如果他當上了宰相，自己便會更受他的挾制，便暗派心腹告訴裴冕，千萬不可聯合上表推薦李輔國當宰相。裴冕知道李輔國是個野心家，如果他做宰相，朝廷便會永無寧日。他對宰相蕭華說：我寧可砍掉手臂，也不會推薦他當宰相。」肅宗聽了這個消息後十分高興，但李輔國卻恨透了裴冕，不久便將裴冕貶為施州刺史。李輔國為了將裴冕的好友蕭華趕下相位，便在肅宗面前竭力推薦自己的親信元載為宰相，肅宗無奈，只好用元載代蕭華為相，把蕭華降為禮部尚書。這樣李輔國不僅打擊了反對派，也在內閣安插了自己的親信。

李輔國的專權，引起了眾朝臣的不滿，也導致了張皇后與他的矛盾。玄宗死後，肅宗病情惡化。由於張皇后的兒子早逝，便由太子李俶主持處理國事。張皇后召見太子李俶說：「李輔國長期掌管禁衛兵，皇帝的詔令都由他下達，並且擅自逼迫聖皇玄宗遷到太極宮，罪大惡極。他現在最恨的就是你和我了。如今皇上病危，李輔國同程元振陰謀作亂，不可不誅殺他們。」太子是個軟弱之人，毫無主見，卻流著淚說：「父皇的病情非常危險，這兩個人都是父皇的元老功臣，如果現在就殺了他們，萬一父皇知道了一定會受驚，他怎能受得了呢？」張皇后十分失望，知道他無意殺李輔國，便冷冷地說：「讓我再想想這事。」張皇后的內心十分惶恐，她知道在這狗咬狗的鬥爭中，不是你死就是我死。如果讓李輔國勝了，自己的下場將會很慘。他急忙派人去找越王李係，對他說：「太子是個仁弱的人，不能誅殺賊臣，就指望你們了。」於是越王李係挑選了勇敢善戰的太監二百名，全副武裝埋伏在長生殿後面。然後張皇后假借肅宗的名義召太子進宮，準備實施自己的計劃。但她的這一陰謀被詭計多端的李輔國得悉，於是李輔國同程元振也作了準備，在陵霄門伏兵把守。當太子走到陵霄門時，被李輔國等人攔住，送到飛龍廄，並派兵嚴加守護。接著李輔國和程元振親自帶兵進入宮城，捉住了越王李係、段恒俊等二百多人。並且假借太子的命令，將張皇后遷於別殿幽禁起來。

第二天肅宗皇帝駕崩，李輔國下令將張皇后、越王李係等全殺了。當天李輔國護衛太子穿孝服與宰相和大臣見面，宣布皇上去世的消息，太子行監國之令。發喪完畢，擁立太子即位，是為代宗。

代宗即位後，李輔國自恃擁立之功，更加驕橫，不可一世。加上對他有威脅的政敵大多已除，他更加無所顧忌，公然對代宗說：「你就好好坐在宮裡吧，外邊的事就由我來處理。」代宗心裡雖然不高興，但因為他手握禁軍，表面上又不得不以禮相待，尊他為「尚父」。在他的策劃下，寶應元年，李輔國終於爬上了宰相的寶座。從此，朝臣便都不得不屈服於他，國家大權由他一個人把持。

物極必反，就在李輔國權力達到頂點之時，朝中有不少人便開始算計他了。權力的爭鬥在封建官場上，猶如風吹海浪，一波未平一波又起。而這次與李輔國較量的卻是他的幫兇程元振。程元振原是一個地位很低的太監，由於此人機敏狡詐，很得李輔國賞識，把他看作自己爭權奪利的最好幫手。於是經李輔國的提攜，才開始平步青雲。當他看到李輔國權傾朝野時，便暗下決心，把李輔國的權力奪過來。他看出代宗皇帝對李輔國的挾制大為不滿，心中暗自琢磨，何不利用代宗之手和朝臣的情緒把他除掉。於是他利用一切能接近代宗的機會，勸說代宗：「李輔國掌握軍政大權，對朝廷和陛下都十分危險，如果不加以限制，後患無窮。」他的話正符合代宗的心意。代宗也早想這麼做，但卻無處下手，眼下正好利用李輔國、程元振之間的矛盾。於是代宗下令撤銷了李輔國行軍司馬、兵部尚書等職務，以程元振代其行軍司馬職務，解除了李輔國的兵權。接著又讓左武衛大將軍彭體盈取代了李輔國任的閑廄、牧群、苑內、營田、玉坊等使，並讓李輔國遷到宮外居住。聽到這個消息，朝廷內外，無不慶賀，可見李輔國專權不得人心。

李輔國一向認為代宗也是無能之輩，當他一些重要職務一個一個被解除後，才感到事情不妙，十分害怕。他知道這樣下去，自己將處於十分危險的境地。他想試著以退為進，向代宗提出辭去宰相職務，哪知代宗絲毫未加挽留，同意了他的辭職，這樣又罷去了其宰相職務。這使他感到自己被別人暗算了。李輔國有些承受不了，氣急敗壞地找代宗說：「我不能侍奉陛下，那我請求一死。」企圖用死來嚇唬代宗，以挽回局勢。但已經晚了。

程元振為了取代李輔國，積極向代宗獻計獻策。他們首先把李輔國的親信流放嶺南，有的在途中被殺害。接下來便開始對李輔國進行正面打擊。經過一番密謀，唐代宗派牙門將杜濟在李輔國家中將其處死。這是他始料不及的。一代權奸從此結束了罪惡的一生。

太監當宰相，無法無天，禍亂朝政。歷史告訴人們要防小人，遠佞人。他們以諂媚騙取信任，一旦得勢，便會露出兇殘的本相。

虎父犬子，殘害朝臣

盧杞，字子良，滑州靈昌（今河南滑縣西南）人。其父盧奕是天寶末期的御史中丞。安史之亂時洛陽失陷，很多官員被迫變節做了偽官，但盧奕寧死不降，被安祿山叛軍所殺。正是由於其祖父的賢德和父親的壯烈，他才受蔭當上了清道率府兵曹。盧杞為人機靈善變，很會在官場上周旋，因此官運很順，到了唐德宗時，他已當上了吏部郎中，虢州刺史。

盧杞從小受祖父盧懷慎清廉儉樸的作風影響，少年時代便穿著樸素，吃的是粗茶淡飯，這日常生活中的小事情，卻給他帶來了很多讚譽，以為繼承了祖父的好傳統。這外觀上給人的好印象，往往使人對他疏於防範，容易騙取別人的信任。

盧杞做虢州刺史時，唐德宗到那裡視察工作，老百姓紛紛告狀，說虢州官府為皇宮飼養的三千口豬，經常四處亂竄，糟踏莊稼。德宗聽後順口說：「把這些豬轉移到同州的沙苑吧。」盧杞靈機一動，對唐德宗說：「同州的百姓也是陛下的臣民，這些豬遷到那裡照樣會禍害於民，臣認為還是把它們都殺了吃掉比較好。」德宗聽了，不覺一愣，點了點頭說：「你身為虢州官員，卻能想著他州的百姓，真是個宰相之材。」唐德宗一下子覺得自己發現了個人才，十分高興，便下令把那三千口官豬無償分給百姓。盧杞對德宗的誇獎也暗自得意，他知道只要順著德宗的心意去說話，那就不愁沒官做。果然，德宗回京城不久，就將他升任為御史中丞。隨著官位的不斷提高，盧杞漸漸掩蓋不住自己內心暗含的殺機，雖然他還貌似恭謹，但細心的人已經感覺到了什麼。

一次他去拜訪老臣郭子儀，這位平定安史之亂的重臣正在生病，臥床休息。當聽到門人報告盧杞來時，他馬上讓左右姬妾們都退過後堂去，他自己站在几案前等盧杞進來。家裡人對此都覺得十分奇怪。盧杞走後，姬妾們問郭子儀：「很多朝中官員來看望您，您從來未讓我們回避。盧中丞來為什麼就讓我們回避呢？」郭子儀告訴她們：「這位盧中丞相貌非常醜陋，而內心又十分陰險毒辣，你們看到他那個樣子一定會忍不住發笑。如果這樣，他一定會忌恨在心，如果此人將來得勢，我們的家族就要遭殃了。」盧杞的確奇醜無比，一雙小眼睛就像誰不小心在臉上割了兩個小孔。沒有鼻梁，而兩個大鼻孔卻朝天翹著。整個臉又寬又短，如同被人從頭頂上坐了一屁股，看了讓人忍俊不禁。

郭子儀的確久經官場，遇人知面識心，他的判斷十分正確。一年後盧杞果然當上了負責監察、執法的御史大夫，十天後又再度升為門下侍郎同中書門下平章事。在不到一年的時間內，盧杞由一名普通的地方官爬上了丞相的寶座，同宰相楊炎共同輔政。

楊炎覺得盧杞不僅相貌醜，而且又無真才實學，很瞧不起他。按照唐朝慣例，幾位丞相每天要在政事堂一起會餐。因為楊炎看不起盧杞，經常借故推辭。盧杞對此懷恨在心，時時在找機會報復。

建中二年（七八一年）七月，山南東道節度使在成德等三鎮聯合拒絕接受朝廷命令，形成藩鎮割據之勢，背叛唐朝。德宗命淮西節度使李希烈進行征討。楊炎因為此人反覆無常，就不同意讓此人前往，極力勸阻，德宗心裡十分不高興，沒有採納楊炎的諫意。李希烈率大軍出征，因碰上連日陰雨，沒有進軍。德宗十分不滿，就去找盧杞商量怎麼辦。盧杞感到對楊炎報復的機會來了，一定要抓住，他乘機說：「李希烈遷延徘徊、久留不進，是因為楊炎曾建議陛下不重用他的原因。陛下何必為了一個楊炎而耽誤了討伐梁崇義的大事呢？依我之見，不如暫時免除楊炎宰相職務，使李希烈心情舒暢就會竭心盡力於朝廷了。等政局穩定下來再起用他，也沒有什麼關係。」德宗覺得此話有理，再說德宗早對楊炎失去了信任。

原來安史之亂使唐朝社會組織和經濟遭到了巨大破壞，唐朝前期採用的租庸調稅法早已名存實亡了。楊炎當丞相後，提出了一些改革措施，用兩稅法取代了租庸調法，對緩解財政困難發揮了積極作用。當時的財政專家劉晏在改變財政狀況中立下了汗馬功勞，受到了朝廷的器重。楊炎對此十分嫉恨。再加上楊炎是代宗時奸相元載的黨徒，元載被誅時，劉晏參與了策劃，本來對他就有深仇，現在劉晏政聲卓著，大有取代自己之勢，於是就想借口除掉他。楊炎指使親信誣奏劉晏勾結叛黨，企圖謀反，並親自出面作證。德宗不明真相，疑心又重，寧錯殺也不留後患，便暗中派太監把劉晏殺死。劉晏的死，使朝野震驚，很多朝臣都替劉晏鳴冤。尤其山東的李正已聯合諸鎮，多次追問殺劉晏的罪名，朝廷沒辦法回答。楊炎做賊心虛，為了推托責任，便派人到各地去向節度使們暗中解釋：「劉晏曾與奸佞之輩朋比為奸，要立獨孤后，是皇上要殺他的。」後來德宗知道了此事後，心中大怒，其實把盧杞舉上相位，就是為了取代他。眼下正好順水推舟，便下詔罷免了楊炎的宰相之職。

楊炎被罷相之後，盧杞覺得還未解心頭之恨，必欲置之死地而後快。不久，盧杞又用楊炎家廟臨近曲江一事對他做進一步的打擊，他對德宗說：「曲江附近王氣很重，蕭嵩曾在那裡建過家廟，唐玄宗命令他遷走，楊炎又在那裡建家廟，很顯然是想謀反。」德宗沒有什麼頭腦，聽風是雨，尤其謀反對他來說是最不能容忍的，當即將楊炎從左僕射貶為崖州司馬。德宗在盧杞的讒言惑動下還不放心，乾脆又派人在楊炎尚未到崖州時，把他殺害了。

其實楊炎對李希烈的看法是正確的，盧杞是為了搞掉自己的政敵才極力主張重用李希烈，後來李希烈的叛變給唐朝帶來了更深重的災難。

盧杞在當上宰相之後，便著手組織力量打擊能夠給自己造成威脅的敵手。而且他很會利用朝臣中相互之間的矛盾，讓他們互相傾軋，自己坐收漁人之利。楊炎被害之前，盧杞知道京兆尹嚴郢受楊炎的排擠，就把嚴郢提拔為御史大夫。嚴郢在盧杞的支持下，對楊炎進行了殘酷的報復。楊炎被德宗貶死之後，盧杞見嚴郢失去了使用價值，又恐其對自己不利，於是便預謀整垮他。

新任丞相張鎰為人正直，才華橫溢，處事很有主見，很得德宗器重。有一次巡官崔程受徐州刺史李洧之托請求朝廷下詔書，以應付當地的局勢，崔程只找宰相張鎰作了請示。盧杞感到自己的地位受到了威脅，對張鎰十分嫉恨，並由此產生了仇恨，於是千方百計要設法除掉他。

建中三年四月，唐德宗準備向西部用兵，想找一位德高望重的大臣取代朱泚。盧杞決心趁此機會把張鎰排擠出京都，一旦張鎰離開，大權便由自己獨攬了。盧杞於是假裝自告奮勇請求德宗：「朱泚名高位重，尤其鳳翔軍官個個驕橫，如果不是朝中宰相重臣，就無法鎮服他們，我請求前去。」德宗沉思著沒有回答，盧杞急忙脫身說：「陛下如果認為我長的醜陋，不被三軍所服，那麼陛下只有自己決定人選了。」說著向張鎰站的地方瞥了一眼，並且嘴角向那邊一努，暗示德宗要張鎰去。德宗沒有多想，他確實認為張鎰是最合適的人選，便對張鎰

相位爭奪

說：「你文武雙全，德高望重，再沒有比你更合適的人選了。」張鎰心裡明白這是盧杞為排擠自己設的奸計，但德宗已經發話，自己不好再說什麼，便接受了鳳翔隴右節度使這一職務。

張鎰剛離京赴任，盧杞就迫不急待地對殿中侍御史鄭詹和嚴郢大下毒手。

當時朱泚的司馬蔡廷玉畏罪自殺，盧杞便借此大作文章，上奏德宗說：「蔡廷玉之死，關係重大。恐怕朱泚懷疑是朝廷旨意，又生事端，請三司審判鄭詹；鄭詹身為御史，所作所為當受御史大夫的指令，請同時審查嚴郢。」其實此事與嚴郢等毫無關係，但奏本一上，三司便開始準備辦理此案。

原來這盧杞醉翁之意不在酒，是想借機搞掉張鎰。鄭詹和張鎰私交很深，張鎰和盧杞同在相位，他們中午休息時各有一個休息室。在盧杞陷害忠良的日子裡，鄭詹不敢公開同張鎰接觸，便利用盧杞午睡的習慣，當他睡熟的時候，悄悄跑到張鎰的屋中閒談。時間長了，事情便被盧杞發覺了。但是狡猾的盧杞並沒有聲張，他假裝什麼也不知道，照舊睡他的大覺。有一天，盧杞知道鄭詹一定會去看張鎰，就裝得睡得很熟，鼻子裡還打著鼾聲。他發現鄭詹進到了張鎰的閣房中，門才剛剛關上，盧杞便急忙爬起來去敲張鎰閣房門。鄭詹還沒來得及坐下，就聽到盧杞的敲門聲，不知怎麼辦才好。張鎰趕忙示意，讓鄭詹暫時躲一下。盧杞進屋後，裝作什麼也不知道的樣子，與張鎰談論朝廷中發生的重要要事，甚至談到鄭詹的案子。張鎰是個正人君子，他壓根不知道盧杞是沖著鄭詹來的，他見盧杞談得很多，怕洩漏了機密，就對盧杞說：「殿中鄭侍御史在此。」盧杞裝出大驚失色的樣子說：「我們談話的內容全是機密大事，都是不能讓外人知道的事情，你怎能讓人在這裡偷聽呢？」張鎰不知這是盧杞的陰謀，一時不知怎麼說好。盧杞順理成章地把此事上奏德宗。就這樣，三司對鄭詹的案子還未審完，就把鄭詹判了死刑，並把嚴郢貶為費州刺史。不久，又罷去了張鎰丞相的職務，真是一箭三雕。為了鞏固自己宰相的地位，盧杞不惜一切代價去打擊陷害可能不利於自己的人。

顏真卿是平定安史之亂的大功臣，社會名聲很大，他為人正直，對一些事情敢於發表自己的意見。這對企圖獨攬大權的盧杞來說，無疑是一種威脅。盧杞對他十分反感，時時準備把他排擠出京都。顏真卿對他的為人十分清楚，料到他準備對自己下手，便找了個空閑的日子到中書對盧杞說：「我因為心直口快得罪了很多人，現在我老了，希望能夠得到你的保護。你的父親被安祿山殺害時，他的首級傳到中原，我用舌頭舔乾淨他臉上的血汙。僅憑這一點，你也應該能夠包容我。」盧杞聽了這些話臉色緋紅，雖然表面上對顏真卿客氣了一番，然而內心裡卻更痛恨他了。他覺得顏真卿是在倚老賣老向自己說三道四，如果不早日把他趕出京都，誰知顏真卿還會說出什麼對自己不利的話來。

相位爭奪

唐建中四年的元月，李希烈率領叛軍攻陷了汝州，德宗十分驚慌，急忙召盧杞來商量對策，盧杞覺得這是除去顏真卿的極好機會，便對德宗說：「李希烈年輕氣盛，恃功驕傲，必須派一位重臣前去勸說．他才可能改悔。顏真卿是三朝元老，名重天下，派他去是最合適的。」此時顏真卿已經六十六歲高齡，德宗覺得有些不妥，但大敵當前，眼下又沒有別人可擔當此任，就顧不得這些，只好令他去勸說李希烈。結果一去不復還，被長期扣留，最後被李希烈殺害。

凡是朝中有資望的人，盧杞都覺得是自己潛在的敵人，一個也不放過。老臣李揆很有才能，曾經當過宰相，由於他「在相位決事獻替，雖甚博辯，性銳於名利，深為物議所非」，又加上他哥哥玩忽職守，不引進同列，被貶為地方官。後來又從睦州刺史拜國子祭酒，升任禮部尚書，便引起了盧杞的忌恨，千方百計要把他擠出京城。建中四年七月，盧杞向德宗奏請派李揆出使吐蕃。李揆當時已是七十三歲高齡，自知難以擔當此任，便對德宗說：「我不再乎遠行，只怕到不了吐蕃就會死了。」德宗也覺得李揆年老多病，便對他產生了同情之心，對盧杞說：「李揆太老了吧。」盧杞馬上回答說：「出使吐蕃必須選派老練的官員，年齡越大經驗越豐富。再說，李揆此次出使吐蕃，作出了樣板，以後比他年紀小的官員再也不會推辭遠行了。」德宗覺得他說的也有幾分道理，於是又給李揆加了個左僕射的頭銜。李揆沒辦法，只好硬著頭皮去當「會盟使」，結果第二年四月死於鳳州。

盧杞為了鞏固自己的地位，一方面殘酷打擊朝中正直之士，一方面推薦庸碌無能之輩任要職。這樣朝中之事他才能一個人說了算。張鎰被他搞掉後，盧杞便推薦了做事優柔寡斷、書生氣十足的關播做了宰相。關播當宰相實際上只是個擺設，根本沒有決事的權力。有一次盧杞警告關播說：「只是因為你平時沉默寡言，我才推薦你當宰相。」所以，無論朝中議論大小事，關播從不發言，要講也只是附聲盧杞而已。

用人是為政的關鍵所在，無論是一朝君主還是一個部門的首要，用人得當則政事通行，所用非人便會一敗塗地。最初德宗任崔祐甫為相時，天下太平，政治寬和。然而自從用了盧杞做宰相之後，各種矛盾被激化，朝政日益窳敗。同時割據的戰爭逐步擴大升級，國家財政危機四伏。

自從李惟岳、田悅等反叛朝廷之後，梁崇義、李希烈等也先後各霸一方，擁兵自立，一時間戰爭四起，唐朝的軍費開支大大增長，財政出現了危機。為了緩和這種危機，盧杞又起用了趙贊搜刮民財。趙贊提出首先向富商們借錢，待叛亂平定後再還錢，並名之曰「總括法」。德宗以為可行，便下了一道御旨，要求地方照辦。地方官們便奉旨行事，有的派人趕著大車挨戶逐門搜刮錢財，如果出錢少了，便會遭到皂隸們的毒打，那些確實拿不出錢的人，因忍受不了非人的刑罰，有的竟上吊自殺，搞得人心惶惶，得到的效果卻很小。盧杞根本不管百姓死活，便又生出更歹毒的辦法，進一步擠榨老百姓的血汗。他讓趙贊搞了套稅間架，算除陌法，按照每戶的財產房間進行計算，上等房間一間收稅二千，中等一千，下等五百，如有隱瞞不報的，嚴刑處罰。那些地方官趁機大肆貪汙受賄，使民不聊生，怨聲載道。

由於朝廷的內憂外患，戰亂更加嚴重，前去圍剿三鎮叛軍的朱滔，此時也擁兵自立，與朝廷抗禮。為了防止其兄朱泚的響應配合，德宗慌忙解除了涇原節度使朱泚的兵權，同時把他軟禁在京城長安，由姚令言接替朱泚涇原節度使的職務。

建中四年冬天，姚令言率五千名士兵來到長安。由於天氣寒冷，士兵們遠道而來，希望到了京城後能得到朝廷的賞賜。但由於盧杞把財政搞得一團糟，府庫空虛，對士兵們毫無表示。京兆尹王翃在士兵們出城後才奉德宗聖旨犒賞軍隊，他們看到送上來的粗淡食物，滿肚子怨憤一下子噴發出來，有人喊道：「我們就要到沙場去拼命了，現在連頓飽飯都不給吃，我們不是白白去送死嗎？瓊林大盈二庫中藏的都是珍寶，大家快去拿吧。」士兵們齊聲響應，他們掀翻席案，把餐具砸碎，手持兵刃向長安城衝去。

此時，嘩變的士兵們來到宮禁的丹鳳門外，敲打城門，德宗慌忙召集禁兵來抵抗，但竟沒有幾個兵丁前來。德宗一看大勢不好，急忙從北門逃走。

按理皇城中駐有一定數量的禁軍守城，對付五千名嘩變的士兵是沒有問題的，但由於盧杞用自己的親信白志貞掌握禁軍，白志貞為了虛報人數，對在東征時死亡的禁兵數隱瞞不報。又接受一些青年商販的賄賂，把他們的名字補進去，人卻在市場上做生意，白志貞從中大發橫財。其實司農段秀實已經向德宗提示過，由於盧杞從中開脫，德宗沒有深究。如今卻落得倉皇出逃的狼狽下場。

右龍武軍使令狐建聽說士兵嘩變，皇帝外逃，大驚失色，急忙帶領正在校場上訓練的四百名士卒前來護駕。

盧杞也被這突如其來的事變嚇壞了，他驚慌失措，忙從中書省跳牆而出，在咸陽趕上了德宗一行，然後一同往奉天逃去。

德宗等人來到奉天（今陝西乾縣）後，立即詔令附近各道兵馬前來護駕。因為朱泚在長安城中，有人擔心他趁機圖謀反叛，建議德宗加強防範。盧杞此時雖然驚魂未定，卻硬裝出一副有雄才大略的樣子，假裝鎮靜地說：「朱泚忠於朝廷，大臣們哪個能趕得上他，為什麼要懷疑他呢？我用全家上百口人的生命作擔保，他絕對不會反叛。」德宗雖然被他已經折騰得狼狽不堪，但還是對他的話深信不疑，正要下令各道援哄駐紮三十里外待命，翰林學士姜公輔奏道：「現在奉天城內兵衛薄弱，不可不加強防備。如果朱泚真心前來接駕，城內兵多也沒有什麼關係。如果他心懷異志，我有備才能無患。」大臣們都認為姜公輔的話有道理，紛紛表示贊同，德宗這才令各路兵馬進城。

其實就在盧杞拍著胸脯替朱泚擔保的時候，他已經在長安打出了反叛的大旗。原來那些哄搶宮中府庫的士兵們心滿意足之後，方才知道闖下了滅族之禍，便選出一些代表去請朱泚出來維持局面，他很快控制了長安城。那些原來被盧杞陷害的官員，紛紛投到了他的大旗下。他見人心比較穩定，便正式登基坐上皇位，自稱大秦皇帝，封賜百官。他封賜弟弟朱滔為皇太弟，讓他先掃平河北一帶，然後帶兵到洛陽會合。為了保證自己偽皇帝的寶座，首先當務之急就是殺掉唐德宗。他親率大軍，令姚令言為元帥，朝奉天殺來。

就在大敵當前，吉兇未卜之際，盧杞也沒有忘記害人。丞相右僕射同平章事崔寧在德宗到奉天幾天後才逃到奉天，君臣相見不覺百感交集，德宗對他的到來很高興，大加撫慰。崔寧私下對親信說：「德宗本來聰明英武，善於聽取好的意見，只是受了盧杞等人的迷惑，以至到了如此地步。」說著不覺悲從心來，痛哭失聲。盧杞這樣的奸臣，步步設防，他怕大臣們對他有不利的言行，早已四處布下暗探，當他聽說這件事後，便去找死黨王翃商量陷害崔寧，立即把他除掉。

崔寧原來患有腎病，這次同王翃等人從兵變中逃出後，由於驚嚇尿頻更加厲害，途中多次下馬小便，可是越急越尿不出來，每次小便的時間都比較長，因此落在其他官員後邊到達奉天。王翃把這件事告訴了盧杞，盧杞便借題發揮，大作文章。恰巧利用兵變自立大秦皇帝的朱泚大施離間計，假稱以崔寧為中書令。這更給盧杞陷害崔寧以口實，於是在盧杞的指使下，王翃先去對德宗說：「我和崔寧同時出延平門，崔寧多次下馬小便，久等他也不來，好像有顧望之意。後來朱泚下詔，任命他當了中書令。」接著盧杞又讓王翃逼著盩厔尉康湛偽造了一封崔寧給朱泚的信，盧杞急不可待地拿著偽造信去找德宗，他煞有其事地說：「崔寧在逃離長安時，之所以落在其他官員後面，是因為他與朱泚訂立裡應外合的盟約耽誤了時間。現在他又寫信給朱泚，證據已經俱在。」德宗聽了盧杞的話，沒有表示什麼，因為他認為崔寧還是忠於自己的，不會依附朱泚，究意怎樣等等再看吧。盧杞殺人心切，在他的心目中，崔寧比朱泚對自己的威脅更大，於是撲通一聲跪在地上，聲淚俱下說：「我身為宰相，沒有盡到責任，陛下如果不殺崔寧，那就殺我好了。」他是逼著德宗非殺崔寧不可。在盧杞的要挾下，昏庸的德宗就派宦官暗中把崔寧勒死了。

就在盧杞精心策劃殺害崔寧時，朱泚的大軍已經殺到奉天城下，多次打敗唐朝的援軍，他們正在抓緊時間打造各種攻城的器具日夜攻城。城裡的將士雖然奮力抵抗，但力量已經越來越弱，好多次叛軍已經登上城牆，形勢十分危急。就在城門就要被攻破的緊要關頭，大將李懷光率領朔方軍從魏縣趕來救援，把朱泚的軍隊打得大敗，逃回長安。

就在奉天解圍的同時，盧杞擔心李懷光拜見德宗，暗使奸計，結果逼反了李懷光。原來李懷光早已對盧杞等人禍國殃民大為不滿，此次又搞得皇上東躲西藏，君不像君，臣不像臣，更使他義憤填膺，在率軍前來救駕的途中，他忍不住說：「盧杞、趙贊之輩是天下大亂的根源，等我見了皇上，一定請求殺掉他們。」奉天解圍之後，他說的這些話由趙贊傳到了盧杞耳中，盧杞聽了這話大為恐懼，他知道李懷光性情粗暴，一怒之下什麼事情都能做出來。當前唯一能阻止李懷光的辦法，就是讓德宗把他支走。於是盧杞馬上去見德宗，十分鎮靜地向德宗獻策說：「李懷光兵威大震，立下了豐功偉績，看來恢復天下就要依靠此人了。現在朱泚兵聞風喪膽，沒有守備之心，如果陛下命他帶兵一舉進攻長安，長安指日可下，這是破竹之勢。他如果現在要求見您，千萬不可答應。如果陛下召他入朝，勢必要設宴款待，起碼要耽誤幾天時間，這樣一來，朱泚就有了充分的準備時間，以後再消滅他們就很困難了。」德宗覺得盧杞的說得也在理，便不假思索，下令李懷光不要進城朝見，暫住軍便橋，然後與李晟等一同去收復長安。

李懷光一介武夫，認為自己從幾千里之外前來救駕，打退叛軍解了奉天之圍，卻不得見皇上一面，不禁怒火中燒，氣憤地說：「我現在已經被奸臣排擠了，前途實在難以預料啊。」作為一位封建官員，最怕被皇帝猜疑，李懷光不知內情，以為德宗已經不信任自己了，否則為什麼只在城裡城外，咫尺之間卻不能見皇上呢？李懷光心中快快不快，不由地升起了背叛朝廷的念頭。一氣之下，他帶兵到了咸陽後，按兵不動。德宗命李懷光早日進軍，收復長安。李懷光多次上疏德宗，揭露盧杞的罪行，朝廷內外，議論紛紛。德宗為了安慰李懷光，萬不得已，於建中四年十二月，下令將盧杞貶為新州司馬。同時被貶的還有白志貞、趙贊等人。

盧杞禍國殃民遭到了朝野的唾罵，但是德宗卻總是對他獨有好感。貞元元年正月，大赦改元，德宗把盧杞調任為吉州刺史。盧杞十分得意，覺得自己還有機會重掌朝政，逢人便說：「我一定會再次受到重用。」過了沒幾天，果然德宗又要提他為饒州刺史。這天值班的是給事中袁高，他遲遲不動手起草詔書，宰相盧翰、劉從一又找別人起草。詔書起草完畢後，送到門下省時，袁高怎麼也不傳達，並彈劾盧杞罪大惡極，不可再用。德宗沒有理睬，第二天還親自召開會議，復議提調盧杞的事。袁高仍然堅決不同意，並且說：「在盧杞執政期間，朝廷大臣們都覺得像有把刀放在脖子上，每天膽戰心驚。今天重新起用他，奸佞之人又會乘勢而起。」德宗十分生氣，但眾怒難犯，只好暫時罷了。第二天，德宗又想讓盧杞當個小州刺史，徵求丞相們的意見說：「讓盧杞做一個小州的刺史總可以吧！」大臣們齊聲反對，李勉說：「您如果實在願意讓他做，給他個大州刺史也可以，可那樣天下人就會大失所望的。」德宗心裡也犯了嘀咕，這盧杞怎麼這麼沒有人緣，連一個贊成的也沒有呢？只好作罷。

盧杞再也沒有被起用，貞元元年二月病死在澧州別駕任上。

盧杞一生爭權，不惜坑害他人。由於無德無才，一旦大權到手，必然禍國殃民。

生死之爭，不擇手段

李訓，一名李仲言，唐穆宗長慶年間進士。他生得體貌魁偉、神情灑脫。他為人聰敏，善揣人意，尤長於辯才，精於文章之道。他本想憑自己的才學精進求取功名，但無奈出身低下，被征到河陽節度府當了個小書記官，志大才高的李訓對此憤然不平。遙想遠祖，李氏一門也算名門望族，其遠房族祖李揆，亦曾為肅宗宰相。可是家道中衰，自祖及父都是布衣，唯有詩書傳家，使他希望的種子又萌發。

此時，李訓有個遠房叔父李逢吉，因有宦官王守澄的幫助，當上了穆宗的宰相。這李逢吉是有名的奸臣，人望很差，但是李訓深深地感到，在這品級森嚴的社會中，沒有靠山想出人頭地，比登天還難。受功名心的驅使，他也顧不上這許多了。他有一個自己的人生哲學，只要為了達到目的，就先不要去想手段是否卑劣。於是他以族人的身分，主動投到李逢吉門下，成了他的親信。與張又新、張權輿、李虞程等十六人，號稱「八關十六子」，凡有求於李逢吉的人，首先要向他們行賄才行。

相位爭奪

敬宗皇帝即位後，李逢吉企圖獨攬大權，便千方百計想把宰相李程和重臣裴度排擠出朝廷，便設計了一個陰謀，但沒有害到他，卻險些要了李訓的命。

原來裴度有個門人叫武昭，因為李逢吉的阻止而沒有被任用，對他恨之入骨。酒後狂言，要殺他報仇。武昭的朋友李審為了巴結李逢吉而告密。李逢吉覺得可以利用此事搞掉自己的對手，於是令安再榮首告，說裴度的門人受李程指使要謀殺宰相李逢吉。又讓李訓去威脅武昭的另一位朋友曹茅匯作證，說：「你如果招供李程與武昭同謀刺殺李逢吉便平安無事，否則你就死定了。」曹茅匯氣憤地回答道：「我寧願受冤而死，也絕不做那種誣陷人的事。」武昭下獄之後，曹茅匯沒有作證，結果李逢吉的陰謀敗露。武昭被處死，涉及此案的李訓被流放到象州，茅匯被流放到崖州。真是偷雞不成蝕把米。

恰好此時敬宗被宦官劉克明殺害，宦官王守澄等擁立文宗即位。文宗即位之初，大赦天下，以示仁德，於是李訓意外地獲得新生。

象州歸來之後，李訓並沒有因此挫折而喪氣不振。反之，他飽受磨難之後，政治抱負反而更加堅定。於是他四處奔走，拜謁名臣故吏以求進身之階，可是他萬萬沒有想到，自己是個曾被判以流刑的罪人，沒人敢用他。不久，因母親去世守喪而閑居洛陽。在洛陽期間，李訓結識了後來發動甘露之變的主要幫手舒元輿，對李訓有著很重要的影響。

舒元輿，江州人，元和八年進士，曾在興元節度使裴度幕下為掌書記。他同李訓一樣，出身微寒，但天資聰悟，博通經史，卻得不到施展才華的機會。舒元輿也自負奇才，有著強烈的功名心。也是由於門第不顯，只能身處下位。這使他感到憤憤不平。大和五年，他為了博取文宗的注意，寫了長達八萬言的上疏，指陳古今得失，為政方略。卻遭到宰相李宗閔的貶斥，將他黜為著作郎。這是個無事可做的閑職。

相同的出身，相似的經歷，共同擁有的政治抱負，使李訓和舒元輿一見如故，引為知己。雖然他們此時都是寒門小吏，理想的火花一經碰撞，彷佛看到了前邊有一個五彩繽紛的世界，他們相期改變命運，做出一番轟轟烈烈的大事業。

理想固然美麗，但現實確是無情。李訓此時四處碰壁，幾乎走投無路。這時有位奇人路過洛陽，這人正是當今掌朝宦官王守澄的親信、昭義節度使鄭注。如果能結交此人，再通過他去攀附王守澄，不怕自己不能飛黃騰達。但是此刻自己家徒四壁，拿什麼做見面禮呢？李訓知道，像鄭注這等人物，沒有錢就別想靠邊。想來想去，李訓想到了李逢吉。逢吉時為留守，絞盡腦汁想恢復相位，心中鬱鬱不樂。李訓已猜到他的心意，便說自己與鄭注是好朋友，果然李逢吉聽了十分驚喜，馬上拿出珍寶金帛數百萬，讓李訓去與他周旋。

鄭注此時是一個沒有政治是非的人，不管你是誰，只要肯出錢賄賂，辦什麼事情你只管說。憑他現在的勢力，也就只差摘不下月亮了。以前鄭注是一個江湖醫生，元和十三年李朔任襄陽節度使，為生活所迫，鄭注前去投奔了他。李朔生病時被鄭注用藥治好，因此李朔格外厚待他，提他為節度衙推從。後來李朔調任武寧節度使，鄭注隨往徐州。當時任武寧節度使監軍的是太監王守澄，對鄭注有偏見，準備把他排擠出武寧軍。經李朔推薦，王守澄發現鄭注亦是一奇才，他機敏善辯，「盡中其意」。於是把他請到內室，促膝交談，大有相見恨晚之感。不久王守澄回朝中任樞密使，便把他帶回京師。他為王守澄出謀劃策，成了他的心腹黨羽。那些宦官對鄭注也另眼相見，其權勢日增。

李訓像一個賭徒，他把自己的一切都押在了鄭注身上。因為他十分清楚，鄭注是一個聲聞很壞的人，尤其又是太監王守澄的心腹，更為正人君子所不齒。好在鄭注並沒有太多野心，他與王守澄的交好，一方面是出於義氣，更主要是為了滿足個人的一點私欲。可是自己就不同了，自己有著強烈的野心和政治理想，之所以攀附鄭注，是為了通過這個臺階爬向政權的高峰。這樣做要付出的代價和風險也是極大的，一邊要受到一些人的唾罵，另一邊如果鄭注倒了，自己的一切也就全成了泡影。

李訓與鄭注的會見，不僅使李訓找到了打開朝中最高權力大門的鑰匙，也改變了鄭注一生的命運。他倆似乎一見如故，這並不是那數百萬珠寶的作用。說也很怪，人格的力量有時比金錢更重。李訓的理想和抱負深得鄭注的同情和支持。眼前這個不入流的李訓，在鄭注的心中，是真正的英雄豪杰、仁人志士，令他佩服得五體投地，這也為他們日後發動甘露之變鋪下了共同的道路。

大和八年春天，唐文宗突然患了一種病，不能說話，太醫們手足無措，多方救治均不見效。鄭注便進獻《藥方》一卷，文宗按方服藥，立即見效，於是便令王守澄召鄭注進宮入對。鄭注特邀李訓同去長安。一到長安，鄭注便將李訓介紹給王守澄，言其有經國之才。王守澄此時與鄭注結為死黨，基於對鄭注的信任，很快便重用了李訓。從此，李訓邁上了通往權力之路的第一步。

王守澄為了把皇上牢牢地控制在自己手中，便推薦鄭注和李訓入宮，安排在文宗身邊，作為自己的耳目，打探宮中消息。李訓真覺得機會從天而降，能進宮與皇上接近，那是他夢寐以求的事情。他巴結鄭注、投靠王守澄，目的就在於有人引薦，獲得向上爬的機會。雖然王守澄是利用他為自己做事，可他也利用王守澄達到了自己最初的目的。

李訓飽讀詩書，尤其對儒家經典更為博通，於是進宮為文宗主講《周易》。起初文宗對李訓稍存戒心，因為他知道，王守澄把他引薦來的目的不過就是看著自己。但是召見時，文宗被李訓異乎尋常的才思和十分精辟的觀點所折服，認為是當世難得的奇人。

在與文宗接近的過程中，李訓憑著自己的感覺和文宗言談中流露出來的情緒，知道文宗對宦官專權深惡痛絕。皇帝雖是一國之君，但是身在九重，周圍被太監的勢力包圍著，甚至弄不好還會有生命之危。文宗的祖父唐憲宗、兄長唐敬宗都是死於宦官之手，眼下王守澄以擁立之功更加專橫跋扈。李訓還了解到，文宗不甘被王守澄所控制，曾與宰相宋申錫密謀鏟除宦官勢力，但因事洩未成。李訓感到文宗是個很想有所作為的君主，但是受宦官勢力的鉗制，實在無可奈何。李訓此時心中劇烈震蕩，他在為文宗不平，也就在此時他下定決心要幫助文宗澈底消滅宦官勢力。

李訓想，首先必須解除文宗對自己的看法，因為自己畢竟是大宦官王守澄引薦來的，在外界的輿論中，李訓還是王守澄的死黨。於是李訓在進講《周易》時，常常談到宦官的惡行。他每言及此，必情緒激憤，以打動文宗的心。文宗此時還心有餘悸，不僅是因為元和末年弒君的宦官餘黨尚在宮禁，更主要是前與宋申錫之謀失敗，「幾成反噬」。在李訓的反覆鼓動下，文宗終於下定決心。他也覺得李訓頭腦清楚，對事物的分析有理有據，可以成功大事，於是便真心與鄭注和李訓商討消滅宦官勢力的事。另一方面，文宗想李訓、鄭注都深受王守澄信任，與他們一起密謀鏟除宦官勢力，可以掩人耳目。從此文宗更加信任李訓和鄭注。大和八年八月，李訓丁憂期滿之後，補為四門助教，文宗將其召入內殿，親賜緋魚，十月又提升為國子周易博士兼翰林院侍講學士。

李訓憑著自己的機詐和智謀，總算在官場上露出了頭角。但是他沒有門第，又是靠宦官王守澄得寵於文宗，因此遭到了朝中上下的普遍反對。兩省的言官紛紛上疏向文宗切諫，說他的奸邪「海內聞知，不宜令侍宸扆」。其實李訓對侍講學士這樣的小官根本就沒看上眼，他只是把它作為實現自己野心和抱負的階梯，可是滿朝大臣卻對這一點也不肯給自己，還把自己弄得臭不可聞。李訓心中怒不可遏，他明白自己如果在朝臣的反對聲中敗下去，從此將再無進身之路。李訓為了保住自己已經得到的一點利益，決心進行殊死的反擊。對於一個奢權如命的人來說，本來就是拿生命在作賭注。

李訓雖然是個政治野心極大，權力欲也極強的人，但他也的確是個搞政治陰謀的專家。他冷靜地分析了當時朝中的政治形勢，各派政治力量的對比情況，決定利用他們之間的矛盾，讓他們互相廝殺，自己可以乘機而動。

文宗朝主要有兩大政治勢力，一派是由當朝宰相李德裕為首的李黨，另一派勢力是以牛僧孺、李宗閔為首的牛黨。他們兩大派系因政治主張不同，互相爭權奪利，展開了激烈的鬥爭。目前李德裕領導的李黨稍占上風，把牛黨排斥在外。牛黨雖然在黨爭中暫時失利，但鬥爭仍在繼續。另外，李德裕當任宰相，對宦官勢力十分不利，他們之間也處於明爭暗鬥之中。

李訓弄清了朝中形勢之後，便去找宦官王守澄。此時王守澄對李訓更加看重，尤其他不負自己所望，得到文宗的信任，能站穩朝中，為自己多了個死黨心腹（他當然不知李訓與文宗密謀事）。以李德裕為首的朝中大臣對李訓的排斥，早已引出了王守澄的滿腔怒火，他覺得李訓是自己引薦，排斥他就是排斥以我王守澄為首的宦官勢力，當然不能善罷甘休，只是不知如何下手反擊。李訓的來訪，使王守澄下決心要與李德裕鬥上一鬥。

在李訓的策劃下，王守澄便向文宗進言，說李德裕大搞黨爭，希圖獨攬大權，最好能把李宗閔調回來，代李德裕為相。對於牛李黨爭，文宗的態度比較暖昧，他的確判斷不出誰是誰非。十分明顯的是，二黨互相排斥，所爭無非是權力。在封建帝王眼睛中，權力統統是皇帝的，臣子的權力由皇上所賜，你們爭來奪去，置我於何地。因此文宗對他們都心存戒備。尤其文宗與鄭注、李訓早有鏟除宦官勢力之謀，可是李德裕不知原由，一味大加排斥打擊，使文宗更是不滿。

不久，文宗下旨把李宗閔從山南西道節度使任上調回京師拜為宰相，出李德裕為鎮海節度使。果然，李宗閔上臺後便對李德裕大打出手，誣陷李德裕在做浙西觀察使時，私下勾結譚王，圖謀不軌。李德裕於是又被貶為袁州長史。

李宗閔擊敗李德裕後，總算出了口惡氣。但是當他發現文宗對鄭注和李訓準備重用時，心裡便有些忐忑不安了，他擔心李訓等會取代自己為宰相，於是便決定不給政敵留下後路。他指使黨羽楊虞卿在外面散布謠言，說鄭注要用小孩子的心肝煉丹為文宗治病，京城內外一片恐慌。由於事涉文宗，他十分震怒。鄭注說謠言是楊虞卿指使家人幹的，有意要陷害他。李宗閔擔心楊虞卿承受不住，把事情說出去，便竭力為其辯護。文宗一氣之下，把李宗閔貶為明州刺史。鄭注緊追不捨，又揭發李宗閔與德宗侍妾宋若憲、駙馬都尉沈明結黨，於是李宗閔再次被貶為潮州司戶，不少牛黨人亦被相繼貶逐。

李訓、鄭注在王守澄的支持下，利用牛李黨爭的矛盾，終於把李德裕、李宗閔趕了下去，這才覺得出了口惡氣。但是他們仍然沒有罷手，他們對那些公然在朝堂不願正眼看自己的朝官，以及那些揚言把自己搞得臭如狗屎的言官，更加痛恨。他們不僅阻止過自己向上的進途，而且無數次地惡言貶損自己的人格，對這些人絕對不能客氣。李訓把他們統統扣上牛李黨徒的帽子，貶逐到遙遠的地方。

政治鬥爭就是你死我活。李訓自從攀附李逢吉失敗被處以流刑，他從中悟出了個人的人生信條，無論你是誰，你使用了多麼卑鄙的手段，但只要你戰勝了，誰還去指責你的手段。如果輸了，手段再典雅也只有死路一條。在不到一年的時間裡，幾乎把朝中各種反對派政治勢力全部趕出了朝廷，為自己通往最高權力的路掃清了障礙。

李德裕罷相之後，李訓和鄭注的官級不斷向上升。李訓由翰林院侍講學士進為兵部侍郎、翰林學士、知制誥，官居顯位。當時有「內相」之稱，應該說已掌握了國家大權。

李訓掌握大權之後，同所有政治家一樣，開始招兵買馬，培植自己的黨徒親信。尤其像他這樣的野心家，更懂得結黨的重要性。尤其經過這次劇烈的政治鬥爭，許多大臣被趕出朝中，不少顯要的位子正空著，李訓開始安排他的黨羽。

首先想到的是舒元輿，他是李訓在洛陽閑居之時結交的朋友。舒元輿沒有因為自己受流刑而輕視自己，引為至交，這使李訓十分感動。尤其又互相期望日後有成，這種人當然可以信賴。因為當時都是不名的窮朋友，只有友誼而沒有利害。不同於得勢後人們對你表示的友好，那全是為了利用你。於是把他先選為右司郎中兼侍御史知雜，又提升為御史中丞。接著李訓又把洛陽時的朋友郭行餘，提任為大理卿，同年進士顧師邕任為翰林學士等等。在他的周圍形成了一個新的政治集團。大和九年九月，李訓和舒元輿終於實現了早年在洛陽時的理想，同時升任宰相。

達到權力最高峰的李訓，面對千瘡百孔的大唐帝國，決心有所作為。他希望能恢復社會安定、經濟繁榮的初唐開元、天寶盛世，以實現更高的政治抱負。於是他向文宗提出「先除宦官、再復河湟、次清河北」的基本國策，文宗深表贊同。

在唐朝，玄宗荒於朝政，大小事情由宦官高力士處理，因此打破了太宗不許宦官干政的制度。到安史之亂後，宦官干政幾成風氣。代宗時大宦官李輔國更是獨攬大權，而且還竊據相位。這些人身心受到摧殘，與皇帝經常接近，有的成為皇帝的親信，但由於心靈上對常人的不滿，報復性極強，如果他們干預朝政，那是十分危險的。唐朝自順宗之後的九個皇帝，有八個是宦官擁立的，他們掌握軍權，監護皇上，有的竟被宦官殺害。不治理宦官，想中興大唐那是不可能的。

從李訓個人方面來說，清除宦官勢力，也是實現他個人野心的一大步驟。因為他利用了宦官的勢力步入朝廷，取得了文宗的信任，他又利用宦官的勢力清除了相爭四十餘年、在朝中根深蒂固的牛李二黨。如今他當上了宰相，如果不鏟除宦官勢力，他的宰相也絕不穩當；如果他稍對宦官有所得罪，他可能就會立即從宰相落下來。應該說這也是李訓玩弄權術的高明之處，當然不排除他對文宗受太監們擠壓的同情。不管怎麼說，李訓已經開始策動消滅宦官勢力的大計了。

李訓是個有頭腦的政治家，或者說是陰謀家，他明白與宦官決鬥不是鬧著玩的。此時他以大宦官王守澄作掩護，不與宦官們發生正面衝突，而是利用宦官之間的矛盾，各個擊破。

首先，李訓決定先收拾殺害唐憲宗的元兇陳弘志。其實憲宗是服藥失當，操勞過度而駕崩，稱他弒君只是傳言。但有些言傳也足以令朝野共憤，弒君之罪死有餘辜。李訓拿他開刀，既順應了人們的情緒，又可以鏟消宦官的勢力，可謂一舉兩得。此時陳弘志為襄陽監軍，於是請文宗下旨將其召回，自漢南至青泥驛途中，李訓派人將其杖殺。

在宦官中，勢力較大者還有左神策軍中尉韋元素、樞密使楊承和等，尤其韋元素，以擁立穆宗功臣自居，掌握兵權。王守澄與這一派宦官素有不和，長期明爭暗鬥。如果打著王守澄的旗號，表面上看是替他掃除政敵，不會引起懷疑。於是李訓請文宗下詔，把韋元素放為淮南節度使監軍，楊承和放為西川節度使監軍，凡韋派宦官一律從朝廷中排斥出去。然後，又指使心腹黨羽，構造罪名，將他們再次貶往邊遠地區。然後派遣殺手中途攔截追殺，將他們殺死於赴任途中。這樣韋元素派系的太監便基本上被消滅了。為了進一步穩住王守澄，李訓又對同王守澄爭權的太監田全操、周元稹等進行打擊，請文宗下詔把他們貶出朝廷。

經過這樣大規模的清洗，大大削弱了宦官勢力。王守澄看著大批宦官被逐殺，心裡正洋洋得意，還以為從此天下便是他的。在他的眼裡，李訓只是他提拔起來為自己辦事的差使。他甚至還以為李訓誅殺大批宦官，是為了討好他老人家。他哪裡知道，刀子此時已經架在自己脖子上了。

此時除了王守澄之外，另一派宦官勢力的代表就是仇士良了。李訓也是耍了個小計謀，因為這仇士良也曾有擁立文宗的功勞，但一直受王守澄壓制，便讓他接替左神策軍中尉一職，這樣正好可以用他來與王守澄抗衡。接著李訓又出新招，採用表面上榮升，而實際上解除王守澄兵權的辦法，讓文宗下詔任王守澄兼十二衛統軍，免去右神策中尉職務。

小人行事，不擇手段，就在王守澄失去對禁軍控制權的時候，李訓即刻派人送去毒酒，殺死王守澄。為了不打草驚蛇，聲稱王守澄是意外死亡，還贈封其為揚州大都督，為其舉行葬禮。為了趕盡殺絕，李訓又以文宗名義，召回王守澄任徐州監軍的弟弟王守涓，在途中將其謀殺。

王守澄死後，宦官力量大損，剩下的要算仇士良的勢力最大。在宦官中，已經沒有誰可以同他抗衡了。在李訓的計劃中，下一個被殺的目標當是仇士良了。

應該說李訓太急於求成，或者說他犯了一個致命的錯誤，就是先殺了王守澄。試想，韋元素、楊承和一派被殺了，田全操、周元稹一派被逐出，怎麼那麼巧，王守澄突然就無疾而卒。作為太監仇士良能不認真思考嗎，他會不加以提防嗎？

此時李訓還在打著如意的算盤，準備來個突然襲擊將仇士良等宦官勢力一網打盡。大和九年十一月二十六日文宗詔令，為王守澄舉行隆重的葬禮，墓址在京東滬水上的白鹿原。李訓決定抓住這次機會，他做了精心的安排，但是由於仇士良未去參加葬禮，而使他的周密計劃破局。於是他只好在匆忙中發動「甘露之變」，與仇士良作最後的較量。

葬禮之計未成，李訓急忙新生一計，即發動「甘露之變」。他對人事和兵力組織上做了周密的安排。但是智者千慮必有一失。李訓犯的第二個錯誤，就是過早地排斥了鄭注，沒有把仇士良看得太重，以為在葬禮上可以輕易將其滅掉。史書上說李訓：「雖為鄭注引用，及祿位俱大，勢不兩立，托以中外應赴之謀，出注為鳳翔節度使，俟誅內豎，即兼圖注。」這個分析是很有道理的。如果他不急於把鄭注外放，甘露之變很可能便是另一個結果。李訓命韓約為金吾將軍，可是金吾衛僅三四百人，他只是朝廷的儀仗隊，根本沒有戰鬥力，怎麼能與禁軍相抗？由於李訓沒有能夠有效地調動軍事力量，因此結果可想而知。

大和九年十一月二十一日，這歷史上不尋常的一天開始了。

清晨，唐文宗同往常一樣，來到紫宸殿，接受群臣朝賀。按照以往慣例，群臣入班完畢，應該由金吾將軍奏報：「左右廂內平安。」可是今天金吾將軍韓約不報平安，上奏說：「金吾左仗院內石榴樹上夜降甘露，臣已進狀。」說完又翻身下拜。此時正值寒冬季節，有甘露夜降，這在當時看作祥瑞之兆，大多用此表示來年會是一個國富民豐、風調雨順的好年景。於是百官、宰相按次序上前向皇帝表示祝賀。李訓祝稱：「甘露降祥，俯在宮禁，陛下宜親幸左仗觀之。」

皇上此時被大臣們賀得心情極佳，他好久也沒這麼高興過了。於是，文宗坐上軟轎，出了紫宸門，從含元殿東階升殿。金吾左仗是金吾衛的所在地，在含元殿左，而含元殿又在禁門外，是朝中大朝會的地方，於是朝會改在含元殿。此時，宰相和侍臣們分立於副階，文武大臣列於殿前。文宗令宰相和門下二省長官先行去金吾左仗觀看。其實哪有什麼甘露，這是李訓為誅殺仇士良所用的計謀。李訓裝模作樣地回到殿上說：「我們認為恐怕不是真的甘露，請不要隨便外傳，傳出去天下人必定會來稱賀。」文宗假裝吃驚的樣子，說：「難道是韓約謊報？」於是令左右神策軍中尉仇士良等帶宦官再去察看。

仇士良等去了之後，李訓叫來王璠、郭行餘，讓他們趕快去丹風門外去召兩鎮軍兵，但不知為什麼兵卻未到。此時仇士良等來到左仗，聽到幕布後邊有兵刃的撞擊聲，急忙向外奔跑，門者想關閉金吾仗門，但已經晚了。此時韓約嚇得汗流浹背，頭也抬不起來了。仇士良問：「韓將軍怎麼會這個樣子呢？」突然他發覺不好，忙對皇上說：「事情緊急，請陛下入內。」說著舉軟轎迎向文宗。李訓知道事情已經敗露，在殿上大叫：「金吾衛士上殿來，護乘輿者，人賞百金。」宦官們搶先把文宗拉上軟轎，快速跑向內宮。李訓攀著軟轎大叫：「陛下不能入內官。」這時金吾衛士有數十人已來到含元殿上，羅立言率京兆府士卒從東邊趕來，李孝本亦率御史臺的人馬自西邊來，共有四百多人，與斷後的宦官展開了激烈戰鬥，宦官被擊殺數十人。軟轎快到達宣政門時，李訓心裡更加著急，他死死地抓住軟轎不放，宦官郗志榮大急，狠狠地朝李訓胸前打了一拳，李訓被擊倒在地上，軟轎被抬進了東上閣，宮門隨即關上。只聽宮內響起了一片萬歲的歡呼聲。

不一會，仇士良令左、右神策軍副使率禁兵五百多人，手持兵刃，衝出閣門，他們逢人就殺。宰相王涯、舒元輿及中書、門下二省吏卒慌忙逃跑，被殺死的金吾衛士和吏卒六七百人。

李訓中拳倒地後，知道大事不好，便騎馬跑到終南山。他與終南山寺僧宗密是舊交，因此便想剃髮為僧以避禍，被從者制止。於是便想到鳳翔投靠鄭注，在路上被盩厔鎮將宗楚捉獲。李訓知道必死，便對押送他的兵士說：「到處都是士兵，得到我的人即會富貴，你最好持我的頭去領賞，免得被別人奪去。」遂被斬首。

不久，舒元輿、羅立言等策動甘露之變的主要成員皆被殺害，他們親屬也都慘遭誅殺。甘露事變以李訓等人的失敗而告結束。

李訓不擇手段地爭權奪利，他玩弄權術殘殺了無數敵手，他的確達到了位極人臣的榮寵。但最終他還是失敗了，並且慘死在自己的權術中。

宦海沉浮，千秋功罪

後周顯德七年（九六〇年），中國歷史上發生了一起改朝換代的重大歷史事件——陳橋兵變。當時任殿前都點檢的趙匡胤黃袍加身，取代了後周政權，建立了大宋王朝。這次事件的策劃者和主要組織者，便是趙匡胤幕府中的謀主趙普。

趙普，字則平，洛陽（今河南洛陽）人。生於一個小官吏世家，父親趙迥，做過相州司馬。由於家境微寒，因此趙普早年讀書不多。從小學習吏事，青年時代在節度使幕府中鍛煉了十餘年，積累了豐富的吏治經驗。從而激發了他治國平天下的遠大志向和抱負，他時時在尋找機會，準備幹一番轟轟烈烈的大事業。後來入主趙匡胤幕府，終於給他提供了這一機會。

顯德六年，三十九歲的周世宗去世，七歲的幼子柴宗訓即位，國是由范質等宰相處理。這給早有奪權野心的趙匡胤提供了一個千載難逢的良機，他當然不會放過。但是當時軍權掌握在韓通手中，要臨時從開封城裡集中起自己的力量也不容易。奪取政權必須有軍權，這可難壞了趙匡胤。於是趙普等一班謀士，絞盡腦汁在想，怎樣才能把軍權搞到手。終於，他們想出了一個好辦法，謊報軍情。說契丹入侵，朝中肯定會派軍隊禦敵。如果爭取一下，讓趙匡胤率軍前往，那問題不就解決了嗎？經過周密的策劃，於顯德七年元旦奏報契丹入侵。宰相范質倉促中，派趙匡胤率軍北上禦敵。終於使趙匡胤獲得了一次機會，他急忙調兵遣將即刻出發。一路上趙普等人四處游說煽動，為發動兵變造輿論。趙匡胤佯裝什麼也不知道，由趙普直接組織。

在趙普等人的策動下，一批夢想升官發財的禁軍將校來到趙普帳內，吵鬧著要趙普作主，擁立皇帝。趙普站起來大聲呵叱道：「策立皇上是大事。應該慎重計劃，你們竟這樣胡鬧。」將校們聽了趙普的訓斥，便收斂了一下情緒，坐下來聽趙普的想法。

趙普對這些武人究竟怎樣想的還不甚了解，於是先試探地說：「現在大敵當前，最好先打退入侵之敵，策立皇上的事回去再說。」

果然，這些將校們升官發財心太切，紛紛要求馬上策立新皇帝。

趙普正想聽到這些要求，以便順勢利用，便說：「改朝換代雖然說是天命使然，但卻是順應民心。先頭部隊昨天已經過去，節度使各據一方，京城如果亂了，外敵會更加深入，天下必亂。如果能嚴整軍紀，不隨便搶掠百姓，京城的人心不亂，天下自然會平安，各位將士也可以長保富貴。」諸將都點頭表示同意。

第二天天剛亮，趙普和趙匡義帶領諸將校，來到趙匡胤帳內，把一件事先備好的黃袍披在他身上，然後將校們跪拜庭下，三呼萬歲。

此時，石守信等人在京城殺了韓通父子。由於內外行動安排得周密細致，因此，僅用了一天的時間，趙匡胤便奪取政權，登上皇帝的寶座，建立了大宋王朝，為宋太祖。

這次兵變，表現了趙普出色的政治才能和指揮才能。因為他立下了「佐命巨勛」，被提升為右諫議大夫、樞密直學士，進入了掌握權力的樞密院，不久升為樞密副使。乾德二年，太祖罷免了范質、王溥、魏仁浦的宰相職務，任命趙普為宰相。

從此，趙普獨相達十年之久。太祖不想分趙普之權，沒有任命次相。因此「中書印唯宰相得知，事無大小，盡決普」。

趙普出身小吏世家，精於吏道，由於擁立太祖兵變，陡然間手握重權，因此無論從大宋的江山社稷著想，還是考慮自己地位的鞏固，在權力的問題上，他開始了新的構想，於是導演了杯酒釋兵權的歷史活劇。從此，拉開了宋代權爭的序幕。

宋朝建立之初，趙普輔助太祖趙匡胤平定了昭義節度使李筠等反叛之後，對各節度使進行了很大的調整。同時對朝中的禁軍也作了初步整頓，罷免了與太祖關係比較遠的侍衛馬軍都指揮使張光翰和侍衛步軍都指揮使趙彥徽，換上了義社兄弟韓重贇和太祖的心腹將領羅彥環。接著又任用義社兄弟石守信為侍衛親軍都指揮使，解除了殿前都點檢慕容延釗和侍衛親軍都指揮使韓令坤的兵權。至此，文武大權全部都由太祖的親信和心腹來掌握。趙匡胤覺得可以穩坐江山，有這麼多心腹大臣輔佐自己，還有什麼可以擔心的呢？

但是趙普對於掌握權力的武將仍然放心不下，作為一個文臣，他似乎也不願看到武將權力的膨脹。於是趙普多次向太祖建議，請太祖收回佐命功臣石守信等人的兵權。說得趙匡胤都覺得不耐煩了，便說：「他們一定不會背叛我，你擔心什麼呢？」

趙普見太祖對他從前的朋友信之不疑，便分析說：「臣也不擔心他們會背叛陛下，但認真考察這些人，都不是做統帥的材料，我擔心他們不能約束部下。假如約束不了他們的部下，那麼這軍隊中萬一有人要奪權，那時也就由不得他了。」

聽了趙普的話，太祖這才恍然大悟。他微微點了點頭，他不禁想起陳橋兵變時，自己不也是裝作身不由己嗎？於是，他專門找了一天，特召趙普來商量怎樣處理好這件事。

大殿裡只有他們兩個人，太祖請趙普不必拘泥君臣之禮。接著，太祖嘆息道：「唐代之後數十年間，改朝換代頻繁，八易其姓，共有十二個皇帝交替爭位，戰亂不止，生民塗炭。我想停止戰亂，永保大宋江山，你有什麼好辦法嗎？」

趙普早已猜到太祖今天讓自己來的目的，所以早已想好了一些辦法，便冷靜地回答說：

「陛下這樣說，真是蒼生之福。邊鎮的權力太大，只要解除他們的兵權，那天下自然平安無事了。」

太祖馬上徹悟，忙擺手說：「你不要再說了，我已經明白。」太祖趙匡胤也是一個機詐善變之人，他當然知道應該怎樣去做。

不久，太祖因晚朝，與石守信等人一同飲酒，酒過三巡之後，他便屏退宮中侍者，說：「做皇帝也太艱難了，真不如做節度使快樂，我每天從不敢睡個安穩覺。」

石守信等見太祖沒頭沒腦地說了這些話，知道必有情由，忙請他說明原因。

太祖說：「這個不難明白，皇帝的寶座誰不想坐？」

石守信等人一聽太祖這樣說，不禁嚇得魂飛天外，一身冷汗頓使酒全醒了，趕忙叩頭說：「陛下為什麼說這樣的話呢？現在天命讓您做皇上，誰還會有二心呢？」

太祖說：「你們當然不會，如果你們的部下要想富貴怎麼辦？一旦有人把皇帝的黃袍穿到你身上，你雖然不想這樣做，但能行嗎？」

石守信等人不知太祖所用何意，以為太祖是要兔死狗烹，哭著說：「我等不會愚蠢到這個地步，請陛下開恩，指出一條生路。」說完大哭不止。

太祖說：「人一生很快就會過去，所以喜歡富貴的人，不過是想多積攢金錢，使子孫不貧窮。你們何不放下兵權，到邊鎮，多買良田，使子孫有家業繼承，快快樂樂度過一生。我們君臣也不會互相猜疑，朝中安然無事，這不很好嗎？」

石守信等這才明白皇帝是為了奪下他們的兵權，此時保命要緊，什麼權不權的，忙跪地謝恩說：「陛下這樣為臣下著想，真是待我們如親骨肉啊！」於是，第二天他們都說有病，乞求罷去兵權。這就是歷史上有名的「杯酒釋兵權」。

可是不久，太祖要起用天雄節度使符彥卿執掌禁軍大權。這符彥卿不但勇武過人，而且還富於謀略，善於用兵。他是太祖弟趙光義（原名趙匡義）的岳父，名望和地位都很高。他也是一位後周宿將。如果用他掌管禁軍，便不能授予一般的職位，必定要授給他殿前都點檢，或者是侍衛親軍都指揮使這樣重要的位置。趙普知道後堅決表示反對，反覆上表勸說：「彥卿的名位已經很高了，不能再委他以兵權」。太祖沒有理會，便下詔書任命符彥卿為殿前都點檢。但是趙普扣下詔書遲遲不發，請求進見太祖，說明自己反對的理由。

一天，太祖特召趙普入宮議事，一見面太祖便說：「你為什麼這樣懷疑彥卿呢？我對他非常仁厚，他怎麼會背叛我呢？」

趙普見太祖仍執迷不悟，乾脆犯顏直諫：「周世宗柴榮對陛下也不薄，陛下為什麼背叛了周世宗？」

一句話說得太祖無話好說，沉默了好一會兒，決定收回了成命。

至此，在趙普謀劃下，不僅前朝文臣武將，連同太祖的故舊宿臣，都被一一地解除了兵權。這一方面當然是為了防止這些人大權在手，重演太祖故技，也是趙普弄權的一個重要手段。在趙普的謀略下，一般將帥一旦被授予重權，自己的心裡便會不安起來。忠武節度使王全斌，率軍平蜀之後，擔心被太祖及趙普懷疑，趕忙急流勇退，以有病為由請求解甲歸田。可見趙普弄權到了何種程度。

趙普為了削弱武臣的地位和權力，便向太祖建議，用文臣來代替武臣。因為文臣比較容易管理，也不大可能同軍隊結合在一起。太祖因為深有體會，因此對此表示贊同，他說：「五代方鎮殘虐，民受其禍，朕令選儒臣幹事者百餘，分治大藩，縱皆貪濁，亦未及武臣一人也。」趙普因主謀文臣任武職，所以他積極推薦文臣去帶兵。一次他推薦說文臣辛仲甫有武才，命其為西川兵馬都監。太祖趙匡胤還親自召見了他，對他說：「你很忠誠，如果努力不懈地去做，很快就會成為一個好將領。」曾任宰相的范質對太祖和趙普頻繁用儒臣任邊鎮武職的作法表示反對，他曾在給太祖的奏疏中說：「臣竊見七八處大藩方，皆要害之處，即日並未有主帥，皆是儒士，懦弱權輕力小。」這也正是趙普要達到的目的。的確，在宋代開國之初，武臣的地位在不斷下降。其目的雖然達到了，但是宋代的國防卻大大削弱了。這給宋朝後期將帥無能，屢為邊敵所擾，種下了禍根。

在趙普主持朝政的期間，他採用了一系列的措施，使朝中保持了基本上的安定。由於他解除了太祖故臣舊吏的兵權，文臣的權力越來越大，地位越來越顯，那麼作為文臣宰相的趙普，此時的地位真可以說是位極人臣了。漸漸地太祖趙匡胤似乎也感到了趙普權力的壓力，尤其有幾件事情，讓太祖覺得有些不安。

開寶六年，趙普患了疾病，在家裡休養。太祖對這位輔助自己打天下的重臣非常關心，因為朝中的大小事情幾乎都是由趙普一手處理，他這一病，還真讓太祖感到諸多不便。為了使這位愛卿的病早日痊愈，他又親自到趙府探視。

太祖的到來，早有人通報趙普，他趕忙跑到大門口叩首謝恩。趙普對太祖的到來並不感到意外，因為太祖已是趙家的常客了。以前太祖曾多次穿著便服到功臣家訪問，他還記得，那年一個大雪紛飛的夜晚，雪到夜間也沒停，他以為這樣的天氣太祖不會來了，正準備脫衣睡覺，忽然聽到敲門聲，趙普急忙出去開門，只見太祖站在大雪中，趙普惶恐間忙叩頭接駕。那次太祖是同弟弟晉王趙匡義一起來的，他們鋪了雙重褥子坐在屋子中間，把火燒得很旺，他們邊烤肉邊喝酒，氣氛非常融洽。那次太祖是來商量攻取太原的事，趙普回答完後，太祖高興地說：「我的意思也是這樣，特意來試試你的。」從此趙普知道，太祖無事是不會來閒逛的。

但太祖這次來，使趙普有種說不出來的緊張。剛才趙普送走吳越王錢椒使者，現在太祖隨後就到，這是偶然的巧合呢，還是專程前來查訪。由於太祖來得太快，吳越王使者送來的書信和十瓶海產，放在廊沿下，倉促間沒來得及蓋好，剛好被太祖看到。太祖隨便地問了一句：「這是什麼東西？」趙普不敢有半點隱瞞，如實說了這些東西的來歷。

太祖看著那十個大瓶子，不免產生了好奇心，便說：「海產一定是好東西。」隨即命人打開看看。

當瓶蓋開啟後，趙普嚇得目瞪口呆，裡面裝的哪是什麼海產，全是閃閃發光的爪子金。趙普此時真的站不住了，撲通一聲跪在地上叩頭說：「臣還沒有打開書信看，實在是不知裡面裝的什麼東西。」

太祖此時面色似水，只是輕輕地說道：「收下也沒什麼，他可能以為國家大事都是由你決定的。」

趙普聽了太祖這意味深長的話，直嚇得魂飛魄散。他甚至可以想到，私下與吳越王交往，如果追究下來，那將意味著什麼？

但是太祖什麼也沒說，趙普這位權謀家，似乎也明白了，太祖此時為什麼來得這樣湊巧。

晚上，在夜幕降臨的時候，趙普站在窗前，心緒很亂。雖然太祖什麼也沒說，但他心裡在想什麼，誰能了解呢？趙普越想越怕，心裡一直忐忑不安。但此事竟平靜地過去了。

趙普在朝中的權威，不僅引來了吳越王送他十瓶爪子金，也招惹了朝中大臣的忌恨，因此人們也在想方設法扳倒他。於是很多朝臣都在密切注視著趙普的一舉一動，只要找到一點把柄，便會有人上疏彈劾。

當時有位大理寺卿叫雷德驤，他的一些屬下和堂吏攀附趙普，擅自增減一些法律條文，使他非常氣憤，便直接到講武殿面奏太祖。他講到激動處，「辭氣俱厲」。同時還揭發趙普強行購買別人家的房子，以及貪汙受賄的一些事情。太祖聽了他的話後，不禁勃然大怒，呵叱道：「難道你沒長耳朵，沒聽說趙普是我的開國功臣嗎？」說著站起來操起柱斧打掉了雷德驤的兩顆門牙，命令左右侍衛把他拖出去。並下詔讓宰相處他以極刑。過了一會兒氣消後，便令免死，只將他貶了官。

太祖這次有意壓下了對趙普的指控，並下詔讓趙普處他死刑，但很快就又改為貶官，這說明太祖此時雖然還相信趙普，但已經不像從前了。尤其「鼎鐺有耳」之責，其實是在警告趙普，這從對雷德驤的最後處理可以證明。

趙普作為一個有頭腦的政治家，應該感到太祖對他態度上的變化。更應該懂得他此時雖然權重，但卻已成為眾矢之的的局面。應該多加收斂，好自為之，不給政敵留下把柄。

當時朝廷禁止私自販運秦、隴一帶大木材，趙普曾派親信小吏去採購，並聯結成大木筏運到京城營造府第，小吏乘機偷了去賣，並冒稱是趙普運到京城裡出售的。前左監門衛大將軍趙玭知道後，非常氣憤。一天，他看趙普正要上朝，便攔住趙普斥責他違法。太祖聽到了這事後，便召趙玭和趙普來到便殿對質。趙玭對趙普大加詆毀，指責他私販大木材圖利。這使太祖震怒，忙督促內閣召集百官，準備下制書逐黜趙普。於是先詢問了太子太師王溥等人的意見，趙普應該定什麼罪？王溥覺得僅這事便貶逐宰相，似有些小題大作，於是便上奏說：「這是趙玭誣蔑大臣。」使這事不了了之。但宋太祖的憤怒，說明他對趙普已經不信任，早有罷免之意。

不久，又有一件事情讓太祖對趙普大為惱火，使這君臣二人的關係出現明顯裂痕。

開寶九年九月，太祖聽說趙普密結重臣，與樞密使李崇矩交結深厚，心裡很不高興。作為封建君主，他不願大臣之間有更加密切的交往。尤其趙匡胤自己是靠與重臣交結篡位，那麼他當了皇帝後，當然會更加提防。不久又聽說李崇矩把女兒嫁給了趙普的長子李承宗，那火更是不打一處來。以前，按照舊規，宰相、樞密使每次在長春宮等候召見時，都在一間屋子裡等候。當聽說他們結成親家之後，太祖便命令他們分開等候。不知是授意還是自發，李崇矩的門客鄭伸非常及時地告發李崇矩納賄等不法之事。儘管投有找到確鑿的證據，太祖還是免去了李崇矩樞密使職務，改為鎮國節度使。

為了削減宰相的權力，太祖便開始擴大參知政事的權力。自從太祖親眼見了吳越王送給趙普的爪子金，目睹了趙、李交結等事後，猜忌之心大起，於是便想到罷相的問題。太祖非常想聽到大臣們關於趙普過錯的議論，大概是想羅列一些構成重罪，借口罷免他。有一次太祖召翰林學士竇儀，便主動提起了關於趙普所做不法事情的話題，而且還故意贊揚了竇儀的才望如何高，以激起他揭發趙普的情緒。可是竇儀為人太過正直，或者說他是誤解了太祖的苦心，卻對趙普大加讚賞，說趙普是開國功臣，忠誠正直，是國家之棟梁。太祖希望聽的不是這些，因此對他很不滿意。

當時有位翰林學士叫盧多遜，此人善揣上意，長於見風使舵，但他博涉經史，聰明強記。他知道太祖喜好讀書，常常從史館中借書，盧多遜私下向管圖書的官吏打聽太祖所借何書，然後再借來一夜看完，等太祖向臣子們問書中的一些事情，他便對答如流，同僚們不知個中原因，都佩服得五體投地。其實不過是投機取巧的小人之舉。

以前盧多遜做知制誥時，和趙普的關係並不十分和睦，做上翰林學士之後，更加看不起趙普。他憑著自己有點才學，很自命不凡，準備與趙普一爭高下。因此，每次在召對時，他便千方百計地攻擊趙普，指斥趙普專權不法。

因此，太祖對趙普專權更是堅信不疑。宰相權高壓主，這是太祖所不能容忍的。於是太祖設法進一步分散趙普的權力，他採取了兩項措施，一是重選堂後官，以加強控制中書堂吏，借此削掉趙普的心腹。太祖採取的第二個措施是詔薛居正、呂餘慶與趙普更知印，押班，奏事。到了同年八月，太祖終於在人們的鼓噪聲中，罷免了趙普的宰相職務，命趙普出任河陽三城節度使，檢校太傅，同平章事。

太祖趙匡胤死後，太宗趙匡義繼皇帝位。太宗與太祖都是杜太后所生。太宗與趙普的關係極為復雜。趙普比太宗長十七歲，他們相識很早，而且關係相當密切。乾德二年趙普升任宰相，他獨攬大權，於是他們之間開始有了明爭暗鬥，關係逐漸緊張起來。

趙普因為專權，對有才能的人十分嫉妒，也許是怕其奪自己的相權吧。正是由於忌才，而導致了趙匡義的幕僚被置於死地的事。當年，有一天太祖對趙普說：「樞密學士、右諫議大夫馮瓚，才能之高當世罕見，真是一個奇人。」並準備加以重用。太祖的誇獎，引來了趙普對馮瓚的忌恨，於是將其派到很遠的梓州為官。這還不算，又暗中派了個親信作馮瓚的家奴，趁機監視他的行動。過了大約一年多的時間，那位家奴便逃了回來，揭發馮瓚及監軍綾錦副使李美、通判殿中侍御史李楫等人的不法之事。太祖急忙把馮瓚等人召回京城，當面詰問，並下御史鞫實，那家奴所說多是捕風捉影，可是趙普為了搞掉對手，以確保大權不失，便又派人至潼關查馮瓚等人的行裝，結果搜出金帶及其他珍寶玩物，上邊的封題是用以賄賂劉嶅的，劉嶅當時正在開封尹趙匡義的幕府當幕僚。結果劉嶅被免官，趙匡義因為受到牽連而沒有被封王，因此趙匡義非常痛恨趙普。

這還不算，為了進一步打擊趙匡義，趙普又借機整死了他的另一位得力幕僚姚恕。姚恕是博興人，是趙匡義的幕僚，任開封府判官，精明強幹。有一次去拜會趙普，正趕上趙普在家宴客，門人不給通報，姚恕很生氣，便揮袖而去。趙普聽說後，便派人去道歉，姚恕不予理睬。趙普是便忌恨他。趕上太祖為審擧選佐臣，趙普便別有用心地推薦了姚恕，趙匡義沒有留住。不久，黃河在澶州決口，大片民田被淹。太祖怪罪地方官沒及時反映，便派使臣前去查詢，因此姚恕被殺。趙普用打擊趙匡義黨羽的辦法與他爭鬥，結果使趙匡義屢屢受挫。可是趙普罷相後不到一個月，趙匡義便登上了王位。

現在趙匡義坐上了皇帝寶座後，又罷去了趙普的使相，授了一個太子少保留在京城。趙普看趙匡義當上皇帝，心裡不覺慌亂起來，為了避禍，便自己主動請求解職。從此，趙普不僅受到了太宗的冷遇，而且還受著盧多遜的擠壓，處境非常艱險。

盧多遜此時已升任宰相，深受太宗寵信。他做翰林學士時，便開始同趙普爭權。現在當上了宰相後，便開始專權。他對權力的欲望簡直超過趙普，甚至大臣的奏章必須經過他的審閱後，才能交給太宗看。

盧多遜害怕趙普再登相位，便開始對趙普的親屬加以排斥、壓抑。甚至跟隨趙普多年的隨從，也都被迫離他遠去。趙普的長子承宗，正在潭州任職，此時回到京城結婚，婚禮還沒滿一個月，便被盧多遜趕了回去。他的目的是讓趙普身邊沒有人照應，便不會對自己產生威脅。盧多遜的恣意專權，讓多疑猜忌的太宗不能容忍。尤其他同秦王廷美的關係十分密切，更是觸犯了太宗的大忌。

太宗當上皇帝之後，外邊議論紛紛，有的人甚至還編了一個極富情節的歷史故事——燭影斧聲，似有篡位之嫌。因此，很多人都不服氣，秦王廷美想趁機與太宗較量一番。

一個是當朝宰相，專權太甚，一個是秦王尋機準備造反。這樣趙匡義又想起了元老舊臣，也自然想起了趙普。因為雖然趙普已沒有大權，但是他的威望還在，於是便決心重新起用他來幫助自己打擊秦王。

正好如京使柴禹錫等告秦王廷美驕恣，「將有朋謀竊位」。太宗有些招架不住，忙召問趙普，應該怎樣處理，趙普回答說：「臣願備樞軸，以察奸變。」退朝後，又上密折說：「臣是開國舊臣，為權幸所詛。」這是暗指盧多遜對太祖以來開國功臣的迫害。接著又談到了杜太后死時交待自己作顧命大臣的事。於是在宮中找到了趙普以前寫的表章，並且打開金匱，看到了「金匱之盟」的內容，於是「大感悟」。

原來，杜太后臨死之時，召趙普入宮接受太后遺命。當時太后問太祖：「汝自知所以得天下乎？」太祖痛哭不止，以致說不出話來。太后說：「吾自老死，哭無益也，吾方語汝以大事，而但哭耶？」太祖說：「此皆祖考及太后餘慶也。」太后又說：「不然。政由柴氏使幼兒主天下，群心不附故耳。若周有長君，汝安得至此？汝與匡義皆我所生，汝後當傳位汝弟。四海至廣，能立長君，社稷之福也。」太祖哭著說：「敢不如太后教。」於是對趙普說：「汝同記吾言，不可違也。」普即就病榻前寫誓書，在紙的末端署名：「臣趙普記。」太祖將書藏在金匱中，命謹密的宮人保護它。

趙普揭示出「金匱之盟」，為太宗的合法登基提供了有力證據。這種向太宗表示效忠的作法，對趙普再次為相提供了有利條件。

趙普一上臺，便開始著手打擊自己的政敵。這使秦王廷美感到了壓力。盧多遜更加感到不安。趙普多次對他進行諷刺、勸他趕快退位，但是盧多遜貪圖權位，不願就這樣在權臣壓力下離開相位。

這時盧多遜曾派堂吏趙白去勾結秦王廷美事發，太宗大怒。下詔揭發盧多遜不忠之罪。

第二天，便命翰林學士李昉、太子太師王溥等七十四人聯名上疏進行彈劾：「謹案兵部尚書盧多遜身處宰司，心懷顧望，密遣堂吏，交結親王，通達語言，詛咒君父，大逆不道，干犯亂常。上負回恩，下虧臣節，宜膏鐵鉞，以證刑章。其盧多遜請依有司所斷，削奪在身官爵，準法誅斬。秦王廷美，亦請同盧多遜處分，其所緣坐，望準律文裁遣。」

趙普終於戰勝了盧多遜，盧被發配到了崖州。

趙普的二次任相，雖然有放盧多遜之功，但鑒於以往，太宗對他有所猜忌，便想盡辦法防止他專權，太平興國八年，趙普再次罷相。此時六十二歲。太宗表示了格外的敬意，在長春宮親自為趙普設宴餞行。並且還賦詩一首賜給他。這令趙普非常感動，他熱淚盈眶地說：「陛下賜給我的詩，應該刻在石頭上，與我一同埋葬在地下。」令太宗大為動容。

趙普罷相後，以檢校太尉兼侍中，武勝軍節度使出鎮鄧州。雍熙四年，趙普又被任為山南東道節度使鎮襄州，改封許國公。

時值遼軍大舉南下，攻我城池，掠我財物，但宋朝精銳早已不復存在，大軍紛紛敗下陣來。趙普於是撰寫了著名的《班師疏》。他分析了遼軍和宋軍兩方面的情況，提出「安定內部，孤立契丹，待機再舉，契丹可滅」的策略。雖然太宗下詔表獎了趙普，但他的建議，太宗基本上實行不了。但是當時《班師疏》在抗遼戰爭中，發揮很大的鼓舞士氣作用，也成了向太宗表達忠心的證物。不久太宗第三次拜他為相，時年六十七歲。太宗最擔心的就是他好爭權的毛病，特告誡他說：「卿勿以位高自縱，勿以權勢自傲，但能謹賞罰，舉賢能，弭愛憎，何憂國之不治？」太宗的誡諭此時已不大起作用了，他之所以反覆告誡是因為趙普的影響太大，如果久在相位，掌握大權，便會出現權高壓主之勢。但由於太宗二次任趙背為相的時間加一起不足四年，因此再加上他年事已高，難以再有建樹，便無心爭權了。不久趙普給太宗的奏書說：「臣久縈疾苦，近者始獲朝參，竊疑大限非遙，深恩未報，事當關聽，敢不盡誠。」

淳化元年七月，在趙普多次請求下，太宗同意罷其相職。

作為一個政治家，趙普應該說是一個成功者。在宋代歷史上，作為開國元勛，他建樹頗多。但是趙普的政治生涯，又是在權爭中度過。為了爭奪和穩固個人的權力，他不惜削弱宋朝的軍權，為後人留下了諸多的教訓和對歷史的沉思。

除弊變法，權力交爭

王安石，字介甫，號半山，封號荊公，撫州臨川（今江西省撫州市）人。出生在一個官僚家庭，父親王益曾任臨江軍判官，王安石即出生在臨江軍府治內。王益雖然出身進士，但是因為不會逢迎攀結權貴，仕途一直不暢，為官二十四年，卻總是位處州縣下級地方官。由於他輾轉調任於地方任職，帶著家眷南北奔走，王安石從小便隨父親到過新淦、廬陵、新繁、韶州、江寧、揚州、河南開封等地。揚州秀麗的山水，繁華熱鬧的京城都使他眼界大開。尤其他接觸了大量下層人民的生活，對他們的疾苦更加了解，深表同情，他心裡默然立下了「矯世變俗」的決心。

王安石為了實現自己的政治抱負，便開始廣泛瀏覽典籍，綜觀歷史上傑出政治家治世經驗。他二十二歲進士及第後，被任為簽書淮南節度判官廳公事，輔助揚州地方官韓琦工作。在工作之餘，他仍然刻苦自礪，發奮用功，常常通宵達旦。他如此苦讀的目的，不是為了做達官顯貴的敲門磚，而是為了經世濟用。因此在揚州三年任滿之後，他已具備了向朝廷獻文章求試館職的資格，尤其入館職是一條升官的捷徑，他也毅然放棄，他願意把自己所學到的知識用於改造社會、興利除弊、造福百姓的實踐中。用他自己的話說，就是「得因吏事之力，少試其所學」。

慶歷七年末，王安石被派到鄞縣（今浙江寧波市）任知縣。鄞縣地處海濱，本無缺水之愁。尤其縣內深山流水，溝渠相通，灌溉十分便利。在五代錢氏統治時，很重視水利建設，設立了營田制，年年浚治河道，建立了較完整的灌溉系統。可是到了宋代，縣官無所作為，一任一任走馬燈般地換過，營田已廢，水堤失修，致使此地成了最怕乾旱的地方。王安石決心改變這種狀況，上任不到十天，便跑遍十四個鄉，挨鄉督勸農民疏浚川渠。結果大大改善了水利灌溉條件，加上這一年風調雨順，鄞縣農業獲得豐收。

鄞縣同其他地方一樣，大多數農民都很貧窮，年成不好的時候，貧困的農民不得不拿田地作抵押，向豪強地主借貸度日，往往遭到豪強地主們高利剝削，甚至弄得家破人亡。王安石到任後，深為農民們的疾苦所困擾，他決定把鄞縣作為改革的實驗基地。第二年，在農民感到糧食青黃不接的時候，許多豪強地主同往年一樣，以為自己發財的機會又到了。哪知王安石在縣衙門口貼出告示，政府出貸官倉的穀米給農民，到秋收之後，農民們可用二分利息連本還入官倉。這一措施不僅幫助貧窮的農民順利渡過了難關，也使官倉穀米得以更新，也有效地打擊了豪強地主對農民土地的兼併和剝削，受到了鄞縣人民的歡迎。這就是王安石後來實行變法中的「青苗法」雛形。

王安石在鄞縣任滿之後，又被調任舒州通判。在這裡，他更加深刻地感受到朝廷吏治衰敗，百姓生活痛苦，於是更加強了他改革社會的決心。因此，任滿後被調往京城做群牧司判官時，他堅決推辭，放棄了士大夫們夢寐以求、做京官的機會，而來到常州做知州，他的目的就是廣泛地了解社會病徵之根源，尋找根治這疾病的良藥。終於，在他積累了十七年地方官的治理經驗之後，他構制了一整套改善國計民生的設想，書寫成長達萬言的《言事書》，於嘉祐四年的春天進獻給宋仁宗。從而把慶歷以來士大夫們要求改革的呼聲推向了高潮。

宋神宗趙頊登基後，對朝廷及地方委靡不振的狀況十分不滿。這位年方二十歲的皇帝，志氣非凡，決心有所作為，把大宋建設成一個強大的封建帝國。他對朝臣們說：「當今理財最為急務，養兵備邊，府庫不可不豐。」就是說改變經濟狀況是朝中的當務之急，經濟發展了自然會使兵強馬壯，也才能抵禦遼、西夏的入侵。他把自己改革朝政的設想向富弼、文彥博等元老重臣談及，希望能夠得到他們的支持。但是這些大臣們卻自私保守，對神宗正確的國家富強之策不予贊同，而富弼竟勸神宗說：「陛下即位之始，當布德行惠，願二十年口不言兵。」這使神宗大失所望，於是他便把希望寄托在要求改革的有志之臣身上。

早在他登基之前，已經對王安石有所耳聞。王安石不僅學識淵博，文采上乘，人品高尚，而且政績卓著，甚至被黃庭堅譽為「一世之偉人」。一時間成了眾望所歸的改革人物。當時任潁王府的記事參軍韓維每每給潁王趙頊講課，都受到潁王的稱讚，韓維總是說：「這不是我的發明，而是我的朋友王安石的學說。」尤其王安石在所上「萬言書」中的改革設想，與神宗勵經圖治的想法合拍，於是神宗決定任用王安石做改革朝政的先鋒官。

宋神宗在即位不久，即提拔王安石為翰林學士。緊接著又特召王安石入殿，討論國家大事。

一次神宗問王安石：「當今治國應從何處下手？唐太宗怎麼樣？」

王安石回答說：「首先是選擇治國之術。陛下應當以堯、舜為榜樣，豈能以做唐太宗為滿足。」

回去後，王安石又在神宗命其寫的《本朝百年無事札子》中激動地說：「百年來理財無術，致使民不富、國不強，大有為之時，正在今日。」宋神宗看了後也非常激動，他對王安石說：「自古以來，君與臣像朕與卿如此相知，極為罕見。」可見神宗對王安石信任之深，期望之重。

此時，王安石已經成為有改革願望的士大夫中的核心人物。神宗為改革大計的順利實施，準備任用王安石為參政知事，改革必然會損失一部分既得利益者的利益，這當然不為那些官僚士大夫們所喜歡。那些本來對王安石大加贊許的朝中重臣，一看神宗真的要起用王安石來領導改革，於是便盡食前言，表示對王安石不信任，甚至大加詆毀，以此來阻止改革的進行。

宰相富弼罷相前，神宗問他：「你致仕後，朝中誰可代你為相？」富弼知道神宗準備用王安石進行改革，堅決不推薦王安石，他沉思了片刻，說：「文彥博可以代臣。」神宗聽了他的回答十分不悅，接著便直截了當地問：「你看王安石怎麼樣？」富弼見神宗把話說透了，便以沉默來表示反對。

神宗又徵詢朝中大臣的意見，一次問到司馬光說：「你看王安石這人如何？」司馬光煞有介事地說：「有人說安石奸邪，那是對他過於毀謗，但如果說他不通事理，這的確是事實。」表面上看起來好像是在替王安石辯誣，其實是在進一步損害他。

說來也怪，在神宗擬任王安石為相之前，士大夫中對他是一片歡呼，「天下盛推王安石，以為必可太平。」而此時則完全是一片喊殺聲。參知政事唐介聽說神宗要用王安石，他第一個站出來反對，說王安石「議論迂闊」，因此「不可授以大任。如果讓他做了副宰相，恐怕將來對成法多所變更，必然擾亂天下」。激怒之情溢於言表。他的話還具有一定的煽動力，他想借那些守舊派大臣們不希望改革的心理，點出王安石上任「恐多變更」的後果，以引起大臣們群起反對。果然他的煽動發生了效力，像韓琦等大臣也跟著說：「安石做翰林學士有餘，當執政官則不行。」

但是，銳意改革、期望革除弊端的神宗，並沒有被他們說服，他對王安石說：「儘管他人不真正了解你，但我深知你的學問與為人並非自今日始，我需要你，正如唐太宗必得魏徵，劉備必得諸葛亮。」

宋神宗熙寧二年，神宗力排眾議，堅持任用王安石為參知政事。在神宗的支持下，王安石開始組織變法。從此，一場改革與反改革的鬥爭便拉開了序幕。改革派與反改革派之間的權力角逐，也同時展開。

王安石上任伊始，首先成立了「制置三司條例司」。所謂「制置」就是後來所說的「欽命」。「三司」是指戶部、度支、鹽鐵，即管理經濟財政機關，新法便是從這裡頒布下來。

變法的主要目的是富國強兵，因此王安石變法中的具體步驟是先實行理財富國方面的新法，從當年的七月到十二月，陸續推出了青苗法、均輸法、農田水利法等。在不到半年時間裡，這方面的新法基本完備了。第二年，神宗任安石為同中書門下平章事，即宰相。從而使變法從經濟迅速推向了軍事和科舉等領域。軍事方面的新法主要有將兵法、保甲法、保馬法等。在科舉方面就是從培養人才方面提出更貢舉、興學校等新法。

然而，改革是艱難的。在王安石上任之初，御史中丞呂誨便上疏彈劾王安石，捏造了十大罪狀說：「臣伏睹參知政事王安石，外示樸野，中藏巧詐，驕蹇慢上，陰賊害物。」並把王安石比作唐代奸臣盧杞。所列王安石十大罪狀，實在不值一駁。甚至他把唐介生疽而死也算作是王安石的罪過，疏文第八條中說王安石「向與唐介爭論謀殺刑名，遂致喧嘩，眾非安石而是介。介忠勁之人，務守大體，不能以口舌勝，不幸憤懣，發疽而死，自是同列尤甚畏憚，雖丞相亦退縮不敢較。」真是滑稽可笑。人死於於病疽本是常事，況且唐介年已六十，更不足奇。他用此事加誣王安石，其目的就是企圖阻止新法的實施。

青苗法公布之後，便在朝野引起了軒然大波，反對派群起而攻之。首先是司馬光在朝中指斥青苗法之非，呂惠卿與之據理力爭。接著是范鎮等人，誣蔑青苗法就是唐朝德宗時的青苗錢。范鎮上《請罷青苗疏》說：「青苗者，唐喪亂之世所為也。所謂青苗，苗青在田，賤估其值，收斂未畢，而必其償，是盜跖之法也。」簡直是由指斥上升到了謾罵。韓琦甚至說青苗法是官府圖利，刻剝富豪的一種舉動，根本不是什麼惠民之政。反對派的氣焰很盛。由於這些朝中元老重臣的反對，尤其看了韓琦指責和誣蔑青苗法的奏疏後，宋神宗開始動搖了，他甚至覺得韓琦等人是在真正為其大宋王朝而盡忠報國。一次在殿上議事，宋神宗大加讚賞韓琦的忠心，他對幾位執政大臣說：「韓琦真是一個忠臣，雖然在京外任職，但卻不忘朝廷。我初以為青苗法可以利民，想不到竟這樣坑害百姓。看來今後發布政令不可不慎重。」神宗的話無疑是對青苗法產生了懷疑，他作為皇帝，一言九鼎，尤其他帶有傾向性的發言，很可能作為反對改革的大臣之依據。反對派大臣聽了神宗的話，心中暗暗驚喜，他們實在沒有料到，神宗這麼快就改變了想法。他們用冷嘲的目光看著王安石，只見王安石僵立在那裡，王安石的確也沒有想到神宗會有如此想法。僵立了好一會兒，王安石沉重地對神宗說：「變法初起，很多人不理解，也有些人誤解，甚至有人利用改革中的失誤來否定改革本身，這都是應該加以分析的。今天韓琦用王廣廉在河北推行新法的錯誤作法來攻擊新法，這就是別有用心。這是他推行中的失誤，不是新法的錯誤。」

神宗看了王安石一眼，淡淡地說：「此事另議。」於是便散朝了。

王安石回到家裡，心如潮湧，怎麼也平靜不下，反對派的誹謗，宋神宗的誤解，真的讓他有些心灰意冷了。他要好好想想下一步該怎麼辦？是進還是退。於是，他上疏神宗，稱病在家休息。

神宗那次對韓琦的稱讚，在朝中引起了巨大震動，人們在進行著種種猜測。甚至有人故意揚言，說神宗要收回成命，罷王安石的相職。這樣一來，一些曾經附和變法的大臣也動搖了。的確，當一項社會變革來臨之際，必然會產生三種人，第一種是堅決改革派，第二種便是反對派，第三種人應該是不堅定的追隨派。這第三種人本身就是動搖不定的，一有風吹草動，他們便會左右搖動，要麼變成第一種人，要麼就會變成第二種人。此刻反對派勢力大增，不少人便脫離了改革派。蘇軾兄弟此時也趕緊上疏，要求到外地任職，以便同變法派切斷關係。甚至有些改革派的人，不僅脫離了改革派，而且還變成了反對派。如正在外地按視農田水利差役等事的御史程顥，此時竟公然要求廢除青苗法。趁著王安石稱病家居的時機，反對派更是大肆活動。尤其是司馬光，利用自己翰林學士的職位，在代神宗批答王安石求退的奏章中，竟說青苗法的實施使「士夫沸騰，黎民騷動」。他企圖利用這種攻擊，脅迫王安石早日下臺。在他們看來，只要王安石下臺，失去相權，這次變法也就會夭折。

對於司馬光所採取的方法，王安石表示極大地憤慨，他立即針對「批答」進行了嚴厲的駁斥。宋神宗似乎也覺得司馬光的作法有些過分。但司馬光阻止變法的心不死，他又連寫了三封信給王安石，要他放棄改革，甚至把改革中的幾項失誤定為王安石擅改先朝法令的罪狀，以威脅王安石停止改革。對司馬光信中所說的問題，王安石堅決地予以批駁。在王安石澄清了司馬光「批答」中散布的迷霧後，神宗派人請王安石回朝視事，並表示關於青苗法的問題，自己不該被那些反對意見所迷惑。

王安石「稱病家居」期間，也並沒有消沉，他是在深思。如果此時自己抱怨辭職，正好是反對派所期望的，不僅辜負了神宗皇帝的熱望，對變法派也是一個嚴重打擊。他決定立即組織對反對派的回擊，並親自撰寫了一篇上奏，專門駁斥韓琦對變法的曲解，以條例司的名義下發全國。同時下令約束諸路長平官在預定借支比例、利息方面，嚴格遵守法令，免授反對派以口實。

緊接著，王安石對臺諫機構進行了整頓清理，因為諫官有時不顧事實對變法進行歪曲，對輿論進行誤導。解除了犯有嚴重錯誤的御史中丞呂公著、李常和程顥等人的職務，並安置了一批支持變法的官員進入這輿論陣地。進而對反改革的官員范鎮、司馬光等人施加壓力，迫使他們離開朝廷。其實從一開始，變法與反變法之爭，已經演變成了權力的角逐。

儘管王安石採取了如此強硬的手段，把反對變法的大臣從朝中清除出去，但是反對派並沒有就此罷休。他們採取了近乎卑鄙的手法，對新法進行抵抗。

熙寧三年，免役法在開封府試行，東明縣事賈蕃故意提高戶等，把四等提高到三等。按規定，四等、五等戶免納役錢。賈蕃這樣一搞，便引起了四等戶農民的強烈不滿，於是他們發動了一千多農民進入汴京，到王安石的住宅進行控告。他們想用這種辦法來達到破壞、阻止變法的目的。這次行動的背後主謀，就是反變法的主要人物之一文彥博。王安石派趙子幾查明了事件的真相，並對借機大造輿論的御史楊繪和劉摯，給予了免職處罰，有力地打擊了反對派對新法的破壞。

反對派在反對變法的過程中，總是在不斷地改變手法與變法派進行較量。他們還用「天變降罰」作為武器，利用改革期間自然環境的一些災異情況，來嚇唬神宗，以打擊變法派，鬥爭異常激烈。

熙寧五年元月，司天監靈臺郎亢瑛利用所謂「天久陰、星失度」的天象變化，上疏神宗，說這是「政失人心，強臣專國」所造成的，應當罷免王安石。神宗以妖言惑眾之罪將其發配到英州。不久，華山發生了大地震，文彥博居然上疏說：「市易司既然建立，招民怨，致使華山崩塌。」宋神宗聯想這幾年各地災情頻現，不覺也慌張起來。王安石站在唯物主義的立場上，對反對派的陰謀，看得十分清楚。於是他上疏指出：「天文之變無窮，人事之變無已，上下傅會，或遠或近，豈無偶合？此其所以不足信也。」同時還指出，只要創立的法度有利於國家，就用不著害怕那些人的謬論。

即使所建立的法度有利於國家，但如果損害了權貴的利益，那也是不行的。由於新法的實行，直接由市易司向宮廷和官衙供應所需物品，致使那些以往在購買宮中用品時大占便宜的官員一下子無利可圖，他們便大造謠言，反對新法。神宗的岳父向經，因為免行錢的實施，而無法從中漁利，便把市面上和自己編造的謠言帶到宮中。於是在宮中掀起了一次反對新法的浪潮。太后痛哭流涕地對神宗施加壓力：「安石亂天下，怎麼辦呢？」

對宮中太后的哭訴，神宗不免有些慌張。他常常去責問中書，想讓他們改變一下作法。但並沒有阻止宮中的反對。於是神宗寫信給曾布，要他解釋清楚為什麼人們都說市易司「妨細民經營」。曾布是王安石變法的中堅分子，據史書記載，當時各種新法雖然由王安石制定大綱，但是斟酌條目，編為法典，多半成於曾布之手，因此他是最有發言權的。此時，他感到神宗的態度似乎對市易法有些不滿，便上疏彈劾提舉市易司呂嘉問。首先指責市易司千方百計多收息，是為了求賞。接著又否定了市易法的作用，指斥司易法的弊病，是「挾官府而為兼並之事」。接著又說市易司「賤買貴賣，重入輕出，廣收贏餘」，實行市場壟斷。搞得人們怨聲載道，「所召問行人，往往涕咽」。

曾布的上疏，令神宗很惱火。他覺得市易司是在利用變法撈取個人好處，難怪宮中宦官都在反對他們。於是下令呂惠卿同曾布一道追查這事。神宗的心情十分沉悶，便來到花園中散步。此時正好兩個皇弟岐王趙顥和嘉王趙頵在擊毬，他們看到皇兄走來，便跑了過去。嘉王趙頵拉著皇兄要比擊毬，神宗笑著說：「好吧，咱們就比一比。」然後指著腰間的玉帶說：「如果我輸了，這條玉帶就賞你。」可是趙頵卻說：「我勝了不要玉帶，只求廢掉青苗免役法。」神宗不覺愣住了，新法果真是這樣不得人心嗎？神宗的心裡不覺增大了壓力。

他最初以為，朝中大臣們反對新法是出於爭權奪利，可是太后和皇親國戚們可以說都該為了大宋江山著想吧？他憂心忡忡地回到宮裡。坐到几案上，神宗隨手翻閱大臣們所上的表章。忽然他看到元老重臣韓琦的上奏，內容是彈劾王安石變法中所造成的弊端，歸納出了七個「不應該」：「一、不應該使朝鮮入貢；二、不應該攻西夏置西河郡；三、不應該植柳樹於西山；四、不應該創立保甲；五、不應該修築西北城池；六、不應該設立軍器監；七、不應該設立河北之十七將。」看罷韓琦為王安石羅列的七大罪狀，神宗忽然想起了太后的哭訴，和剛才弟弟們的要求，心裡更加感到惶恐不安了。

此時，王安石看到朝野內外對新法的不理解，尤其那些造謠中傷，也有些心灰意冷了。特別是曾布曾作為自己的助手，對新法擂鼓吶喊，現在竟也倒戈，覺得難以繼續視事，於是上疏請求辭職。神宗也只好同意了。這是王安石第一次罷相。

王安石在罷相時，為了使變法的大業繼續下去，便推薦呂惠卿為參知政事，與宰相韓絳共同執政。呂惠卿是個有政治才能的人，尤其在變法中發揮過重要作用，均輸法、青苗法、農田水利法等都是由他草擬。呂惠卿是靠變法起家的，此時已達到副相的位置，於是極強的個人野心便再也按捺不住。他認為王安石已經罷相，論才能他自視比韓絳高，那麼再努力一下，便可登上一人之下萬人之上的宰相寶座。於是便開始培植自己的個人勢力，對自己親族和親近的人，往往多加籠絡提拔，如呂升卿、呂和卿、方希覺等人，在他的提攜下，官職一升再升。並且與宰相韓絳多有不和，甚至千方百計想辦法孤立他。同時對朝中大臣進行打擊排斥。沈括、李承之與他報告事情，他總是反覆挑剔，找毛病，加以排擠。為了在變法派內部形成個人小集團，擴大自己的勢力，他還勾結地方官員，在蘇州購置了大片田產，以作為自己的經濟後援。此時，他把主要精力放在爭權上，大大削弱了改革派的力量。甚至他制定的一些措施，也不再像青苗法、均輸法那麼行之有效。

由於變法派內部的分裂，朝中諸事令神宗很不滿意，他感到王安石實在是少不了的重臣。恰好此時市易司違法事件已經查清，結果是這樣的：「初市易之建，布實同之，至是揣知上意，疑市易有弊，遂急治嘉問。」就是說市易法的實施曾布也是贊同的，待皇上問他實施過程中出現的一些問題時，曾布推測皇上的意思可能對市易法不滿，便乘機彈劾市易司提舉呂嘉問。這件事也是王安石請罷相的一個原因。可是實踐證明，市易法在兩年的災荒中，不僅穩定了京城百姓生活，而且幫助他們順利度過了災荒。神宗決定召回王安石。於是在熙寧八年二月，王安石回京，再度拜相。

由於改革派內部的分裂，呂惠卿只為個人小集團爭權著想，置改革大業於不顧，令王安石很不安。到後來竟發展到與王安石對幹的局面。

王安石復相不久的一天，宋神宗單獨召見了王安石，對他說：「小人漸定，卿且可以有為。」王安石對皇上的信任表示了感謝，接著在談到他離職後的朝中狀況時，神宗說：「自卿去後，小人很囂張，獨賴呂惠卿主張而已。」王安石很高興，說，「臣也聽說人家稱他為護法善神。」但是王安石心裡卻感到納悶，覺得現在與呂惠卿相處太難了，自己的一些想法提出來後，呂惠卿不是不理就是不贊同，作為一個政治家，王安石似乎已感到他在與自己爭權。

如前不久，王安石建議在河北州縣中設立「倸糴」，也就是讓市易司「度民田入多寡，先預付錢物，到收成時，會在澶州、北京及緣邊州軍糴米壽貯存。」此項措施如果實行，不僅可以給政府每年節約三十多萬貫錢，對農民也有好處。但呂惠卿卻找借口反對這一有益的措施。

尤其在用人方面，呂惠卿更是與王安石相左。王安石為了改革的發展，只要是擁護變法的人便加以薦引；誹謗變法的，堅決加以排擠。這是從變法和反變法兩大陣營之爭來考慮問題。但呂惠卿則全從自己爭權、擴大勢力來想問題。王安石想提拔練亨甫，呂惠卿馬上提出反對，說：「練亨甫以臣兄弟少貧賤更事，識小人情狀，故尤嫉臣兄弟。」王安石非常生氣，覺得此人的確在結黨營私。於是便指使諫官彈劾他。呂惠卿見王安石已經對自己下手，便趕忙去找神宗去告狀，說王安石復相後，「屢稱病不治事，積事以委臣，臣恐將來傾敗，臣預其責。」神宗已感到，變法派內部已經四分五裂。

政治也許就是這樣，不能為我所用，就想辦法讓你無用。王安石此時已決心把呂惠卿趕出中書府，讓人加緊調查呂惠卿執政期間所做的種種不法。終於在熙寧八年十月，查出呂惠卿與地方勢力相勾結一事，罷免了他參知政事職務，對他培植的親信、黨羽也進行了清除。

改革派的分裂，反對派的壓力，使神宗對改革的態度有了明顯的變化，王安石提出的建議，神宗有時也不怎麼採納了。王安石此時也覺得，在這樣的政治環境中，很難有所作為。恰在此時，被王安石貶黜的呂惠卿對王安石的長子王雱進行攻擊，使其舊病加重而死，時年三十二歲。王安石晚年喪子，精神上遭受了極大的打擊。於是向神宗提出罷去相職，雖然神宗再三挽留，但王安石去意已決，神宗沒辦法只好同意。熙寧九年十月，王安石第二次罷相。

王安石退出了政治舞臺，但是變法與反變法的鬥爭仍在繼續。

結黨營私，六賊之首

蔡京，字元長，福建仙游人，宋神宗熙寧三年（一〇七〇年）考中進士，時年僅二十四歲，可謂少年得志。但其為人奸邪，貫於見風使舵，有時風剛刮他便轉舵，哪知風向又變了，他回轉不及，往往就翻了船。因此，蔡京雖然官運亨通，但卻四次大起大落。看來仕途艱險，任你再奸再滑，也難一帆風順。

元豐八年三月，宋神宗去世，他的兒子趙煦即位，即宋哲宗。改元「元祐」。不滿十歲的哲宗當然不能處理國事，便由英宗皇后、神宗母高氏以太皇太后的名義臨朝聽政。由於王安石變法得罪了皇親國戚，因此他上臺之後，便起用司馬光為宰相，並把守舊派的官僚一一請來，這些人千方百計謀復舊制。司馬光一入朝，便對新法展開攻勢，他說新法是「舍是取非，興害除利；名為愛民，其實病民；名為益國，其實傷國」。企圖盡廢王安石新法。樞密院知事章惇對司馬光的作法表示不滿，便與他爭辯起來。此時司馬光執政，便將章惇貶到了汝州。並限令各州縣在五天之內必須把免役法改為差役法。朝中很多官員都感到時間太緊，根本無法完成。蔡京此時正任開封知府，他看那司馬光怒氣沖沖的樣子，覺得該轉舵了。他當即令所轄各縣派一千多人充當差役，如期全部改完。然後他第一個跑到宰相府去向司馬光匯報。司馬光十分高興，誇獎他說：「如果人人都像蔡知府那樣，維護朝廷成法，還有什麼不可以恢復呢？」司馬光對蔡京的辦事能力十分欣賞，準備提升他，可是有些舊黨人士指責他「挾邪壞法」，不可以重用。於是蔡京馬屁沒拍對地方，被踢出開封府，貶為地方官。

八年後，攝政的太皇太后高氏去世，由十七歲的哲宗親政，改年號為紹聖。哲宗看到在司馬光全部恢復舊法的過程中，不僅不能有益於社會生產，反而加劇社會矛盾，便決心恢復神宗的改革事業，於是便再次起用新黨官員，恢復由王安石制定的新法。哲宗首先起用曾布、章惇為相，主持朝中的政令。

蔡京見變法派得勢，雖然自己已經投靠了司馬光，但風向變了，還得趕緊轉舵，又轉而支持章惇恢復新法。其變化之快，讓人目不暇接。

曾布的想法比較折中，想兼採新舊兩法的長處而用，可是章惇則態度堅決，一定要全面恢復新法。因此在關於恢復免役法的問題上，朝臣們的意見很不統一。當時章惇讓各部討論，由於意見不一致，久議而不決。蔡京發現哲宗的意思也是主張全用新法，於是便獻媚說：「儘管把熙寧朝的成法施行就是，還有什麼好爭論的？」章惇於是便下決心取消差役法，而重新恢復免役法。

蔡京在新舊兩法之間的鬥爭中游弋，左右逢源。無論哪一派占了上風，他都會去支持勝利的一方，並且都得以實行。這不僅腦袋要轉得快，而且更主要是臉皮要厚。非大奸特奸不足以為此。其實當時監察御史常安民早已看透蔡京的嘴臉，並且提醒人們：「京奸足以惑眾，辯足以飾非，巧足以移奪人主之視聽，力足以顛倒天下之是否。他日羽翼豐滿，後悔就來不及了。」由於大多數人被蔡京之奸所惑，還沒識別出他的真面目。因此被章惇推薦為翰林學士兼侍讀、修國史，並且成了戶部尚書。

一朝君子一朝臣，是封建王朝幹部制度的一大弊病。新上臺的一派，總是要不遺餘力地打擊舊派人士，以鞏固自己權力。章惇等人也不例外，在恢復新法的同時，他們也對舊派大臣進行殘酷迫害。這蔡京見自己地位鞏固後，便想盡辦法陷害朝臣。一方面為了打擊政敵，一方面也在為自己日後爭權鋪路，於是蔡京一手製造了文及甫冤獄。

文及甫是宋代名臣文彥博的兒子，文彥博是舊黨中僅次於司馬光的重要人物。文彥博去世後，重新執政的新黨為了籠絡大臣，平反了一些被舊黨打擊迫害的人。他們準備給元祐年間遭受打擊的蔡確平反，但是證據不充分，只好擱置。蔡確的兒子蔡謂，見其父遲遲未予平反，便上疏皇帝說他叔叔蔡碩曾在邢恕家裡見到在元祐年間，文及甫寫給邢恕的信，信中涉及了一些舊黨執政時期的內幕。哲宗知道文彥博是舊黨重臣，便以為可以查到許多有關舊黨的東西，於是便派蔡京和吏部侍郎安停審此案。

文及甫之所以給邢恕寫信，並非有什麼奸謀。以前二人都在同文館中任職，相處得很好，文及甫對邢恕十分信任，幾乎是無話不談。青年人書生意氣，難免恃才傲物，有時在給邢恕的信中對幾位新黨人物諷刺了幾句。新黨上臺後，貶斥了舊黨很多大臣，尤其他父親也在其中，自然對新黨不滿。此時恰好文及甫為母親守喪期滿，他知道由於父親文彥博的關係，他不可能被留任京官。因為好友邢恕在新黨執政時依然得寵，便想請他幫忙安排個比較好的地方任職。於是便給邢恕寫了封信，信越寫文及甫的心情越激動，用辭也漸漸激烈起來，按捺不住自己內心的不平，便寫下了一些抨擊時政的言語。朋友間的私人書信，寫什麼都可以。你發發牢騷，他安慰幾句，心情便會平靜下來。哪知這邢恕是個小人，他總是在權衡利弊。因為他知道，文彥博是文及甫的父親，新黨上臺當然也不會輕易放過他的兒子。如果自己繼續交好於他，可能會受牽連；如果揭發檢舉，說不定還會升個一官半職。利害最終戰勝了友情，邢恕把信拿給了蔡謂，以此陷構文及甫。

蔡京對此案也十分重視，也想通過此案立功。他利用各種手段想從文及甫口中得到能使自己向上爬的東西。他不僅對文及甫進行欺騙誘供，同時還施以嚴刑拷打。文及甫自知落在蔡京之手，難有生還之理。一介書生，精神幾乎崩潰了，於是便信口「招供」。你問什麼，自己便承認什麼；你讓他招什麼，他就招什麼。結果案子越審越大，最後竟牽涉到朝中大臣一百多人，揭發出一個政治集團企圖廢立皇帝的大陰謀，於是也鑄成了無辜殺害大臣的一大冤獄。

蔡京覺得此案收獲太大了，便趕忙把各種口供材料集中起來，懷著一顆勃勃野心，上疏請求皇帝誅殺那些牽涉此案的大臣。由於哲宗稟承祖上「不得殺戮大臣」的遺訓，這場已讓人嗅到血腥味的殘酷屠殺才被避免。許多大臣被貶謫、流放，朝中上下人心惶惶。蔡京覺得這樣還未達到自己的預期目的，又派人去追蹤殺害已被流放的元祐黨人。在這次大獄中，陳衍、劉摯、梁燾等大臣均死於蔡京之手，其子孫亦遭貶黜。

元符三年，宋哲宗去世，由他的弟弟趙佶即位，是為宋徽宗。只因徽宗年紀尚輕，不諳政事，由神宗皇后向氏聽政。皇太后對蔡京的才學頗有欣賞，便命蔡京在京城編修史書。可是沒過多久，舊黨的勢力逐漸強大起來，章惇被貶官。接著諫官陳瓘彈劾蔡京與內侍宦官相勾結，干預朝政，於是蔡京被貶為江寧知府。離開京師外貶，這對蔡京是個相當大的打擊。對一個封建官吏來說，做官京師和服役地方，差別是很大的。留在京城，消息靈通，可以見機行事，而且大員全在京中，再往上爬的機會很多，如出京外任，那什麼時候有機會就不好說了。因此蔡京心中十分鬱悶，千方百計想找門路留下，拖了很長時間也不到任。這時御史陳次升、龔夬、陳師錫等同時上疏彈劾他以往的奸行罪惡，並指出他滯留京師，久不赴任，必有險惡用心。結果蔡京再度被貶為提舉洞霄宮，居住杭州。

向太后死後，宋徽宗親政。徽宗本來不長於治國安邦，而是在藝術上十分精到，可謂高手。書法繪畫上的成就，恐怕在宋朝也無幾人能及。他更喜歡搜尋歷代書畫作品，因此即位不久，便命心腹宦官童貫到三吳地區收集書畫珍品。

此時在杭州閑居的蔡京，當然知道童貫在宮廷中的角色，於是便費盡了心機前去巴結。蔡京是個權力欲極強的人，他一直想爬上宰相的位子，但命運多舛，總掌握不住風向，以致蹉跎至今。童貫的到來，使他重新看到希望，於是便把寶押在童貫身上。因此，童貫一到杭州，蔡京便置辦了盛宴為他接風，並邀集此地歌舞妓前來助興。童貫在杭州住了一個多月，蔡京不捨晝夜地同他一道遊玩，令童貫十分感動。其實蔡京也是書畫高手，據說宋朝書法四大家「蘇、黃、米、蔡」，這「蔡」原本就是指蔡京，只是後來人們惡其奸，才改成蔡襄。蔡京為了顯示自己的藝術才能，逢迎皇上，便在屏風及扇面上用盡全力畫了一些山水花鳥畫，請童貫帶回京。童貫受了蔡京諸多恩惠，當然不能無動於衷。回京後，童貫把蔡京的畫放在極易見到的位置呈送給徽宗，並對蔡京的才華大加贊揚。徽宗對書畫確是行家，對蔡京的作品也很是欣賞，於是漸漸對蔡京產生了好感。

當時徽宗很崇信道教，對道士格外看重，有位著名的道士徐知常經常被徽宗請到內宮。蔡京的好朋友太學博士范致虛與徐知常關係密切，於是蔡京便用重金買通了范致虛，求他能在徐知常面前替自己說好話，稱讚自己有相才。徐知常見好友如此盛贊蔡京，覺得此人必有過人之處。因此，徐知常每入內宮，總是對嬪妃太監們吹噓蔡京。一傳十，十傳百，嬪妃、太監們都知道了蔡京的大名，也都眾口一詞地誇獎蔡京怎樣有才德。徽宗對這些輿論也表示贊同，於是起用蔡京，讓他當了定州知州。接著，在蔡京的旨意下，其黨羽、起居舍人鄧詢武乘機四處活動，為蔡京歌功頌德，他還入宮拜見徽宗說：「陛下有志恢復新法，繼承先帝事業，必須用蔡京。」其實蔡京已看出徽宗有恢復新法的意思，便畫了一幅帶有暗示的《愛莫之助圖》，一併示皇上。圖的左邊畫的是元豐新黨的代表人物，右側是元祐舊黨人物。在元豐新黨人物中，他特別突出地表現了蔡京的地位，徽宗便已有意要用蔡京了。

蔡京通過請托巴結，以及各種卑劣的手段終於給自己爭權奪利打下了一點基礎。就在徽宗有意提拔蔡京的時候，恰好趕上執政大臣和曾布爭奪權勢，他們此時都需要有一位受到皇上寵幸的人來幫助自己，而此時皇宮中對蔡京一片贊譽之聲，因此他們都想拉他作幫手，以排擠對方。於是韓忠彥和曾布二人都推薦蔡京，徽宗還誤以為他在朝臣中有人望，也就恢復了蔡京的學士承旨職務。此時蔡京便和左相曾布勾結在一起，並利用曾布的勢力以「變易神宗法度」的罪名，上疏皇上罷免了韓忠彥的宰相職務。崇寧元年，蔡京取代了韓忠彥，當上尚書右丞。對蔡京的人品和個性，其朋友孫蓉十分清楚，他看到野心勃勃的蔡京為爭權而四處奔走，心裡十分擔心。有次他對人說：「蔡京的確有貴人相，但是有才無德，如果他掌握了大權，恐怕會給天下人帶來災難。」但是蔡京的欲望一時也沒熄滅過，他想總有一天會當上宰相。他找孫蓉說：「如果皇上進一步重用我時，望你能助我一臂之力。」可見其野心之大。

去除掉韓忠彥之後，蔡京的地位僅次於曾布，便決心把他從寶座上趕下來，想辦法在皇上面前整他。

其實曾布也是個小人，他任宰相後，也在積極培植黨羽，擴大自己的實力，因此對有些自己可以利用的元祐黨人也加以援引。蔡京更是小人中的小人，他完全不顧曾布對自己的提攜，為了權力他不惜採用一切手段。曾布擬用陳祐甫為戶部侍郎，這陳祐甫是曾布門婿的父親，有親家之好，當然便可結為死黨。曾布此時並未把蔡京當作外人，也同他打過招呼。蔡京當時沒有表示任何異議，但是其心裡卻在琢磨事情。一天，曾布與蔡京在皇帝內廷議事，便向皇上提了出來。曾布用眼睛瞅了瞅蔡京，好像是希望他附和說幾句，此事也就算通過了。他看蔡京沒有反應，以為他不說也罷，就算是默許吧。可是突然蔡京一反常態，尖刻地說：「官爵是屬於皇上的，可是宰相為什麼私下隨便給了自己的親戚呢？曾布的門婿陳迪是陳祐甫的兒子，他們是兒女親家，所以才加以提拔。」言下之意在指責曾布結黨營私，同時也離間皇上與曾布的關係。他這一席話，大大出乎曾布意料之外，著實讓他大吃一驚。小人的貫技是背後傷人，而現在竟當面也敢傷人。可見他要排斥曾布的心是多麼急切。氣得曾布渾身顫抖，他也顧不上皇上是否在旁邊，便指著蔡京的鼻子爭吵起來。接著，蔡京又乘勢唆使言官上奏，彈劾曾布勾結逆臣，起用元祐黨人，圖謀恢復舊黨的地位。在蔡京明槍暗箭的打擊下，曾布便以「力援元祐奸黨，陰擠紹聖忠賢」之罪名遭到罷官。

崇寧元年七月，蔡京終於如願以償，徽宗任命他為尚書右僕射兼中書侍郎。徽宗在延和殿召見他，對他寄予厚望：「神宗推行新法，半道未成，先帝繼之，但兩度都因內廷干預而不能堅持下去，國家的政事尚無準則。我將繼承父兄之志，特任你為宰相，你打算怎麼辦？」蔡京趕忙離座叩頭謝恩，並表示說：「臣將盡心效力。」至此，蔡京爬上了權力的最高峰。

蔡京雖然二十四歲便中了進士，但一路坎坷，一旦掌握了權柄，便胡作非為了。為了集中宰相的權力，蔡京為相的第二天，便下令禁止了章惇所行之法。第七天又援用「熙寧變法」時在三司之上設置條例司的成例，在中書省設置講義司，自任提舉，其他成員全由他的黨羽充任，一切政令皆由己出。任何一件事情，包括皇室的設施要如何安置都要由講義司議定，那麼全國的一切權力就統歸蔡京控制了。

為了鞏固自己來之不易的相位，蔡京急忙把自己的兒子、親信、死黨安插進權力部門。他擔心諫官們彈劾自己，動搖自己的地位，便發明了「御筆密進」。他親筆草擬詔書後，再讓徽宗照抄。詔書中全是他的旨意，誰敢違背他的旨意議論朝政，就以違旨論處之。言官們為了自保，誰還敢說三道四。

蔡京這個奸佞小人，是打著恢復、繼承新法的幌子上臺，為了鞏固自己的相位，又對舊黨成員進行了殘酷的迫害。其實在蔡京當政時，元祐舊臣因遭貶謫、流放而死去者不少，已經剩下不多了。但為了使此案永遠不能翻案，蔡京主張立「元祐黨人碑」，把司馬光及與他有牽連的元祐舊臣二百二十人列入其中，並請徽宗親筆寫下他們的名字，刻石立於端禮門外。後又定「元祐、元符黨人」三百零九人刻石於朝堂。蔡京又親筆寫元祐黨人的名字通令全國各州縣，一律在州府縣門前立石碑。如果本人尚在，就由州縣進行監督管制，其子弟不許進京城，不許與宗室通婚。

蔡京迫害政敵的行為，使朝野震怒，但迫於其權勢，誰敢違抗呢？長安石工安民，被縣吏弄去刻石，他說：「我是個老百姓，不知道立碑的用意，只知道司馬相公是個正直的人，這裡說他是首奸，小民真不忍心刻。」縣吏聽了不覺大怒，說不刻便定他的罪，安民哭著說：

「要刻我也不敢推辭，但求不要把我的名字刻上，免得後人罵我。」縣吏聽了氣急敗壞地罵道：「你的名字有個屁用，誰讓你往上刻了。」可見蔡京此舉多麼不得人心。也有大臣實在忍無可忍，站出來指斥這種行為的惡果。戶部尚書劉拯說：「漢唐失敗，都是從朋黨相爭開始。今日指前日之人為黨，豈知後日之人不以今日之人為黨？人之過失自有公論，何必對這些人問之以黨人之罪？使他們及後人永遭禁錮？」蔡京聽了十分惱火，指使手下言官彈劾劉拯，不久將他貶謫到薪州。

蔡京採取了一系列措施以保相權，下邊的基本上沒問題了，現在最主要的就是保證皇上的絕對信任，這樣他才不會處處出來干預。他便想到借鑒歷代奸臣的手法，利用玩好吸引皇上，使其沉溺其中，這樣他便無暇顧及朝政，大權自然由自己一人把持。

徽宗本是窮奢極欲的人，蔡京便投其所好，先後為徽宗建起了景靈宮、延福宮、九成宮、元符殿、保和殿、明堂、艮岳山、曲江池等多項大型工程，耗費巨資，侈麗其極。凡聲色犬馬，無不用其極。蔡京常勸徽宗：「太平盛世，應多玩樂，歲月無幾，何必自苦。」宋徽宗在蔡京的引導下，每天除了宣淫導欲，便是奢華競侈，更不問朝中政事了。

俗話說：「人不算天算。」蔡京萬萬沒有想到，自己權傾朝野，人臣未有敢為敵者，竟被老天爺算了一次，這也許正是所謂的「報應」。

相位爭奪

一天夜裡，西邊的夜空中出現了一顆彗星，拖著長長的尾巴。彗星在科學不發達的封建時代，被視為不吉利的象徵，它的出現人們往往便以為是有人作惡，老天爺要降災下來了。恰好宋徽宗又非常迷信天象，於是心裡便緊張起來。他最擔心的是他的政權是否會因此而亡，於是便下詔要求大臣們知無不言，找到為禍的根源。這真是天賜良機，一些諫官們被蔡京壓得喘不過氣來，早已憋得要命，便紛紛上表揭發蔡京的罪惡，並且都說得有理有據，言詞激烈。戶部尚書劉逵是右相趙挺之的好朋友，前幾天趙挺之被蔡京擠出相位，更讓他對蔡京充滿敵意，因此上表彈劾蔡京，大加痛斥。

原來韓忠彥、曾布被蔡京擠掉相位後，一直是由蔡京獨相，徽宗便要依舊例增一副相。蔡京以為趙挺之好控制便推薦了他。哪裡想到趙挺之另有主見，於是二人政見不和。趙挺之對蔡京搞的那些東西十分不滿，不久二人的矛盾便強化了。趙挺之多次向徽宗揭露蔡京的惡行，但此時蔡京確實把徽宗奉承得頭昏眼花，無法分辨真假是非。趙挺之為了避免被蔡京陷害，便提出辭去右相。蔡京對他恨得咬牙切齒，恨不得一腳把他踹出京城。在趙挺之的一再要求下，皇上批准他回青州老家。閒著沒事，他常常跑到劉逵那裡，二人經常議論蔡京的醜行。劉逵見皇帝真心求直言，便請求毀掉蔡京立的「元祐黨人碑」。徽宗因為信天象，暗想也許就是蔡京這些主張惹得天怒人怨，便命內侍太監在半夜時把碑毀了。

第二天一早，蔡京和往常一樣入朝，他總覺得少了點什麼，一下子他發現朝堂前的「元祐黨人碑」沒有了，不免又驚又怒。他壓根想不到此碑會被人拿走，除了皇上誰敢做出這種事來，如果是皇上拿的，那不就說明皇帝認為立此碑是錯的嗎？他越想越覺得事情有些不對勁。升朝時，蔡京實在按捺不住，便當堂詢問徽宗。

徽宗乃一國之君，當然敢做敢當，回答說：「這是朕的意思，現在有天象告警，應行寬仁之政，因此派人將此碑毀掉。」

蔡京也許是威風慣了，也許是過於激動，於是有些控制不住自己，臉色變了，聲音也變了，他幾乎是在大聲叫喊：「碑可以毀掉，但罪名萬不可赦。」

徽宗陰沉著臉，沒說什麼。

蔡京如此老奸巨猾之人，應該想到他這樣失態所引來的後果。

劉逵覺得打垮蔡京的機會來了，於是當天下午就急忙上奏，對蔡京入相以來的所作所為統統進行揭發：「目無君父，黨同伐異，陷害忠良，興役擾民，損耗國帑。」要求堅決罷掉他的官。接著又有大臣上疏彈劾蔡京，請求將他削職為民。徽宗回想了一下白天蔡京聲色俱厲的醜態，不覺怒火中燒。於是下詔給趙挺之，令他在約定的日子進宮見駕。挺之見到皇上時，又盡心地把蔡京的罪行數落一遍。於是宋徽宗立即降旨，革掉蔡京的宰相之職，從此政事開始出現新的氣象。

政治風雲真是突變，今天你權傾天下，榮寵有加，明天便可能盡失所有，成為階下之囚。這全是皇上玩的把戲，全看皇上的需要。

蔡京被劉摯之和劉逵聯手搞掉，對他來說如同陰溝裡翻船，十分懊惱。他躺在床上翻來覆去，怎麼也睡不著：那劉挺之是我推薦為副相的，但他不識抬舉，才被攆下臺，那劉逵算什麼東西。蔡京後悔自己大意失荊州，同時也怨恨這小皇帝太迷信。但是他絕不甘心這樣被趕出政治舞臺，他又定出了新的計謀，準備與劉挺之再較量一次。

蔡京之所以被稱作奸臣，當然是他的處事不正派，不是用正大光明的手段去競爭。這次他又動了歪腦筋，準備走徽宗寵妃鄭貴妃的後門。蔡京為官多年，他知道在官場上走哪條路才能通暢。他先暗派內侍中的親信求鄭貴妃為自己說情，又買通鄭貴妃族兄中書舍人鄭居中向皇上進言。蔡京把上下都打通了之後，便令心腹黨羽為自己鳴冤叫屈，申訴蔡京所行之事不是獨斷專行，而是奉旨行事。待他們上下交攻，把徽宗說得不知所措時，鄭居中便聯絡幾位大臣覲見徽宗說：「陛下即位以來，注重禮樂教育，所行居養安濟等法，對國家和百姓都有益，為什麼要改呢？」話中之意就是說蔡京的作法是正確的，當然是在徽宗的旨意下行事。既讚頌了徽宗，又肯定了蔡京，使徽宗覺得有道理。終於，徽宗下令罷免劉挺之相職，同時將劉逵驅逐出朝中，蔡京又重新把宰相的大權奪了回來。

蔡京重掌大權之後，當然要論功行賞，誰在此次爭奪中為自己出了什麼力，便安排相應的官職，以重新大樹黨羽。

鄭居中在蔡京這次復出中，可說立下了汗馬功勞，蔡京也是知恩必報，擬定他為樞密院知事，徽宗也表示同意。可是在正式任命前，被一位太監知道了，他和鄭居中不和，便從中做了小手腳。他悄悄對鄭貴妃說：「本朝從未有外戚干政的先例，為了顯示娘娘的美德，最好以親戚避嫌為由加以推辭。」鄭貴妃為了自己的美譽，便向徽宗力辭，徽宗便成全了她的美意，收回成命。鄭居中誤以為蔡京在耍自己，便大罵蔡京是個言而無信的小人。自己為他出了那麼大的力，最後竟弄了太乙宮使這樣的閑職，不由得懷恨在心。

有一次京都水使者趙霖在黃河中撈得個兩首烏龜，便獻到朝中來。蔡京乘機向徽宗道賀：「陛下洪福齊天，這就是齊桓公小白所見到的象罔，誰見到它誰就可以稱霸天下，為此臣下特向皇上道賀。」聽到蔡京的奉承，徽宗心裡很高興。回到內廷休息時，徽宗還在想大千世界無奇不有。鄭居中此時覲見說：「這烏龜長了兩個腦袋，明明是個怪物，可是蔡京偏要說是吉祥之物，不知安什麼心。」其實祥瑞與災異跟某種動物並無必然的聯繫，只是人們自己主觀的想法而已。徽宗是個迷信的人，從心理上來說，你把雙頭烏龜解釋成祥瑞之兆，他會美滋滋的，以為老天賜福；如果分析成災異之徵，他便會慌然而懼。此時聽了鄭居中別有用心的解釋，徽宗好似略有所悟，覺得還是他說的對，因為好壞鄭居中都是自己遠房得大舅子。正如好多事情一樣，真假的標準不是以事情本身而定，而決定於辦這件事的人與自己關係的遠近親疏。蔡京當然屬於外人，那他也就輸定了。第二天，徽宗發旨，任命鄭居中同知樞密院事。

解釋雙頭烏龜一事，讓徽宗很惱火，他覺得蔡京在愚弄自己，加上聽到一些關於蔡京的傳聞，他覺得蔡京是否有圖謀不軌的行為，於是就讓樞密知事張康國祕密監視蔡京的行動，並說如果事情辦得好可以入相。那張康國本是蔡京推薦的親信，但是小人之間的權力之爭，是根本沒有什麼友誼可言的。今天你有恩於我，明天為了個人的權力得失，我照樣可以構言對你讒害，臉都不會變色的。

蔡京對此事亦有覺察，作為一代權奸，他早已在各部門安插了黨羽。他絕不會坐以待斃，於是便暗使黨羽吳執中彈劾張康國，給他來個警告。張康國也不是等閒之輩，在吳執中彈劾自己以前，便來了個先下手為強。他對徽宗說：「臣已為陛下得罪了蔡京，他勾結中丞吳執中要陷害我，我請求辭職，以免被害。」果然吳執中覲見時，大加彈劾張康國。因徽宗已有心理準備，知道他是受蔡京指使，沒等他說完便勃然大怒，把他轟了出去，貶到滁州。此時徽宗對蔡京更加不滿。

鄭居中對蔡京更是耿耿於懷，現在入主樞密院後，便暗中指使心腹言官有組織地上疏彈劾蔡京，揭露他任人唯親，破壞朝政的罪行。在他們強而有力的攻勢下，徽宗也便順水推舟，又一次罷了蔡京的相職。

蔡京雖然宦海起伏，但憑著自己的奸巧逢迎，牢牢地將徽宗抓在手中，無論誰當宰相，徽宗總覺得不如蔡京那樣了解自己需要。蔡京在位，不僅為自己積極修築豪華宮殿，而且還可以使自己縱情聲色，盡情享樂。這些都是其他宰相所辦不到的。但他沒去思考，這也正是奸邪與正派的區別。因此，每次蔡京罷相後，都能復起，主要原因也在這裡。蔡京最後一次任相時已是七十八歲的人，已經不能任事，一切政務都由小兒子蔡絛代理。這蔡絛更是一個奸佞小人，他利用代父為政的機會，開始結黨營私。真是青出於藍而勝於藍，他比其父更懂得如何讓皇上滿意。他新設了所謂宣和庫式貢司，用以搜刮天下錢財供皇上私用。他雖是代父行職，卻也專橫霸道，弄得宰相白時中和李邦彥成了擺設。

哪知蔡京的長子蔡攸，也為徽宗所看重，蔡京雖然老眼昏花，但總是戀權不放，這使蔡攸主政專權的野心大挫。一次他按捺不住，竟上疏說老蔡年老多病，應離職休養。他的一番關懷，徽宗還真想降旨讓蔡京致仕調養。雖然如此，蔡攸主政的企圖仍未實現，尤其弟弟的勢力日大，這不能不讓他擔心。於是上奏揭發蔡絛的惡行。徽宗於是罷免了蔡絛的一切職務，再次迫使蔡京退休。

此時蔡京已是惡貫滿盈，言官和太學生們紛紛上疏要求嚴懲他。宋欽宗即位後，將他一貶再貶，八十歲的蔡京終於死在人們的怒斥中。他幾個恃父權作惡的兒子，也都得到了應有的處罰。

無賴宰相，禍亂朝廷

賈似道，字師憲，臺州（今浙江臨海）人。父親賈涉輕浮放蕩，在萬安縣擔任縣丞時，與浣衣女胡氏勾搭成奸，後來生下了賈似道。賈似道小的時候，賈涉便去世了。由於賈似道不是正出，賈涉的妻子史氏對他十分刻薄。因此賈似道混跡市井，整天吊兒郎當，不思學業。稍長便同一群狐朋狗友、市井無賴鬼混，養雞鬥狗、游戲玩耍。賭場妓院是常客，打架鬥毆是常事。成了一個刁鑽古怪、卑鄙奸詐的地痞無賴。弱冠之後，靠父蔭（宋朝實行恩蔭制度，官僚子弟可授官）補了個嘉興縣司倉的職務。就在這時，賈涉的女兒被選入宮中，深得宋理宗的寵愛。她不僅長得美麗無比，而且非常聰慧，被立為貴妃娘娘。姐姐當了貴妃，雖然不是一個母親所生，也會對弟弟大加提攜。靠姐姐的裙帶，賈似道被調至臨安任太常丞、軍器監。臨安就是現在的杭州，當時南宋首都的所在地。賈似道無心正事，整天花街柳巷，招蜂誘蝶，醜態出盡。但是由於姐姐的請托，不久又弄了個實職，任澧州知州。真是朝中有人好做官，不管你是無賴還是什麼東西，只要有人提拔，照樣官運亨通。一轉眼的工夫，賈似道又升任湖廣總領、戶部尚書、知江州兼江西路安撫使，後又以端明殿學士移鎮兩淮，度宗即位後，升任宰相。

宋理宗端平元年（一二三四年），南宋朝廷重演北宋末年聯金滅遼的故技，與蒙古大汗窩闊臺共訂宋、蒙聯合滅金協議，他們約定滅金之後以陳蔡為兩國交界。但是滅掉金國之後，蒙古又毀棄前約，挑起攻打宋朝的戰爭。由於南宋軍民的奮勇抵抗，他們一直沒有得手。到宋理宗開慶元年（一二五九年），蒙古軍在大汗蒙哥和忽必烈的率領下，分別向四川、鄂州、雲南等地發動進攻。南宋軍隊在蒙古大軍的打擊下，節節敗退。宋理宗嚇得驚慌失措。此時賈似道正官運亨通，被任命為京西、兩湖南北、四川宣撫使，兼督江西、兩淮軍馬。理宗慌忙中沒來得及多想，便派賈似道率軍赴漢陽，以增援鄂州。為了提高他的威信、加大他的權力，以有利於統一指揮鄂州作戰，在軍中升他為右丞相兼樞密使。

再說忽必烈大軍一路向南推進，勢如破竹，賈似道總督南宋兵馬的消息，早由密探報知與他。忽必烈對賈似道的特長了如指掌，他放膽前進，準備渡過長江揮師南下，直取南宋首都臨安。

賈似道在蒙古大軍的攻勢下，早就嚇破了膽，龜縮在漢陽城不敢出來。他的任務是增援鄂州，而此時鄂州正處於蒙古軍的包圍之中。他好不容易等到宋軍大將、襄陽統制高達來援鄂州，這才率兵來到鄂州。

賈似道根本沒有軍事知識，更沒這方面的才能。作為一軍主帥，本應調動軍馬打擊敵人。可是他卻手足無措，不知如何是好。高達和部將對這位既不懂戰術，又膽小如鼠，還擺大架子的總督軍十分反感，根本不理他那一套，出兵打仗什麼事也不問賈似道。在高達的指揮下，鄂州守軍英勇作戰，局勢發生了很大變化。賈似道真是恨透了高達，但此時又不敢發作。

就在這時，忽然又接到朝中命令，為了防止蒙古軍從潭州攻入江西，命賈似道立即到黃州去指揮抗敵。朝中左丞相吳潛，從整個戰略上考慮，認為鄂州有大將高達把守，基本上不會有問題。為了防止萬一出現漏洞，黃州在鄂州下游，是過江西的必經之路，賈總督先去布防，可保無虞。可是賈似道接到詔書，大為惱火，心想在這裡匯聚著各路大軍幾十萬，還有幾位身經百戰的大將。我賈似道雖然不懂帶兵打仗，但如果在這裡阻止住忽必烈的大軍，功勞當然是我的。退一步說，一旦擋不住有這些人保護，至少生命不受威脅。可是你吳潛偏偏在這個時候讓我獨去黃州，這不是成心出我的醜、要我的命嗎？賈似道越想越生氣，但聖旨已下，也只好硬著頭皮走一遭了，但這筆帳算記下了。

賈似道在幾百名精銳騎兵的保護下，向黃州迸發了。一路上他賊眼四顧，生怕遇上蒙古軍隊。真是屋漏偏逢雨，正在他提心吊膽想心事時，忽然有騎探來報：蒙古軍來了。嚇得賈似道差點從馬上掉下來。顫抖著問統制孫虎臣該怎麼辦。孫虎臣見他嚇得臉色蒼白的樣子，覺得他根本不能指揮作戰，讓他躲一下吧，否則光保護他都忙不過來，怎麼打仗。於是讓賈似道帶著幾個親兵躲了起來。躲是躲起來了，但孫虎臣一去，只剩下身邊數人，賈似道更加覺得不安全，心裡對吳潛的怒火越燒越旺。不久，孫虎臣帶兵得勝歸來。原來這是一支押送搶掠物品回蒙古的老兵，而且人數不多，很快便被消滅了。賈似道那顆懸著的心這才放下來。

到了黃州之後，賈似道屁股還沒坐穩，鄂州告急，請求支援。賈似道此時驚魂未定，哪裡還敢出兵增援。心想眼下可保自己不死的唯一辦法就是同蒙古軍議和，只要他們把軍隊撤回去不就沒事了嗎？他急忙派人到蒙古軍大營求和，表示宋朝願向蒙古稱臣納貢，請大軍撤回北邊。忽必烈野心正旺，他想一口氣打到臨安，那時就不是稱臣的問題了。再說此時士氣正盛，征服大宋勢在必得。忽必烈沒有答應賈似道的請求，使賈似道更加絕望。

此時蒙哥率軍在釣魚山戰鬥中，受到了宋軍頑強的抵抗，損失十分慘重，他本人受到箭傷，不久就死在軍中。聽到這個消息之後，賈似道精神一下子振奮起來，趕忙又找來心腹宋京，暗中再派他去蒙古軍中求和，表示願意除了稱臣之外，以長江為界，每年奉銀二十萬兩，絹二十萬匹。忽必烈還是不肯答應。他手下的謀臣獻策說：「今國遭大喪，神器無主，大汗之位，宗族諸王都在注視著，一旦帝位被別人搶先奪去，那什麼都談不到了。我們現在答應他們的請求，回去辦理完喪事，國內局勢平穩後再來征伐宋朝也不晚。」忽必烈是蒙哥的弟弟，他也看到國內權爭越演越烈，人們都想得到大權，確如謀士所說。於是便同意了議和條件，拔寨起兵北還。

蒙古軍主力北撤之後，留下了部將張杰、閻旺帶領小股部隊殿後。此時賈似道真是賊跑了之後掄扁擔，派夏貴率軍去襲擊，結果殲滅了一百七十多名蒙古兵。

蒙古大軍全部撤離宋朝邊境之後，賈似道便敲鑼打鼓，浩浩蕩蕩地班師還朝。他隱匿了與蒙古軍議和的可恥行為不報，只上疏報告諸路大捷，鄂圍已解，大大地誇耀了自己的戰功，把忽必烈的主動撤軍，說成是在他的指揮下，各軍協同作戰取得的勝利。把殲滅一百多人進行了無限的誇張。他這樣做的目的，就是為了以軍功向朝廷邀功請賞，為自己爭奪大權製造輿論。

果然，宋理宗見到奏表心中非常高興，因為邊患是南宋王朝最頭痛的事，還真沒有哪位主帥能夠如此輕鬆地把邊敵入侵趕出境外。以往人家撤軍，不是要咱們大宋稱臣，就是割地納貢。可是今天賈愛卿統領三軍，威震北疆，真有再造江山之功。於是便加少傅、右丞相之銜召賈似道入朝，並命文武百官列隊到城外迎接凱旋的英雄。賈似道也還真不含糊，臉皮厚到不知羞恥的程度，真的擺出了一副英雄架勢，腿比躲在草叢裡時站得直多了，那雙東南西北四處環顧的小眼睛，此時竟連眼皮都沒抬一抬，也許是眼睛過於疲勞的緣故。

此時的賈似道在宋理宗的眼裡，已經是朝中唯一的大功臣。賈似道當然也就假戲真做，以功臣自居。當然，他心裡也非常清楚，那些在鄂州拼死抗敵的將士，知道他是什麼東西。如果要長久保持自己的英雄形象，必須將那些了解內情的人搞掉，也只有這樣才能穩固自己靠欺騙弄到的權力。尤其在鄂州，高達那些將士使自己出盡洋相，吳潛派自己移防黃州，半路遇敵膽子都差點嚇破，更是不能饒恕。他暗下決心，分頭找機會打擊陷害。

此時他最想陷害的就是高達。在鄂州時，每次高達見他督戰，就當著將士面奚落他說：「那個戴高巾的人怎麼能指揮打仗呢？」更讓賈似道不能容忍的是，高達每次同蒙古軍開仗前，一定讓賈似道親自出來慰問才出兵。當時賈似道氣得七竅生煙，但沒辦法，現在他大權在握，怎能不出這口惡氣。他反覆要求理宗殺掉高達，但是理宗得知高達在鄂州守衛戰中立了大功，覺得誅殺功臣弄不好會使軍中嘩變，沒有同意，但為了照顧賈似道的面子，將高達的軍功降到第二位。為了對那些對自己不恭敬的將士進行報復，賈似道便推出了「打算法」，用核實軍費的名義，將一些將軍在抗擊蒙古軍時支取的各種用品，統統算作貪汙，扣上「侵盜官錢」的帽子，進行處罰。有的被革職流放，不少立有戰功的將士沒死在戰場，反倒被賈似道害死。曹世雄、向士壁二位將領，戰功赫赫，卻都被加上侵盜軍餉的罪名貶竄遠處。尤其向士壁被害死後，賈似道仍覺沒出氣，又將其家屬抓起來，逼迫他們繼續償還賠補所謂「贓私」。也有一些抗蒙名將，只因沒有依附賈似道，也慘遭迫害。

賈似道憑著「蓋世戰功」不斷清除、打擊異己，為自己獨攬大權鋪平道路。此時，左丞相吳潛成了他專權的最大障礙。他千方百計找機會陷害他，只有把吳潛從朝中趕走，賈似道才可以主宰南宋小朝廷。

其實，賈似道很早就對吳潛恨之入骨。那次調他防守黃州，他就懷疑吳潛是想借調防之機用蒙古人的手殺他，再加上躲在草地時被蒙軍小部隊嚇破了膽，對吳潛之仇更是不共戴天。從返朝之後，就已經開始想辦法報復。但是吳潛為人剛正、直爽，在朝中上下人緣很好，且很有威望，不是隨便找理由就可以整掉他的。賈似道雖然文治武功屬於外行，但整人搞小動作卻是行家。為了達到離間君臣關係的目的，他背地裡唆使黨羽編了一些歌謠。其中有一首是這樣的：

「小蜈蚣，小蜈蚣，盡是人間業毒蟲；夤緣攀附百蟲叢，若使飛天能食龍。」

這首歌謠在南宋京城臨安流傳開來，並且傳入宮中，也飛進了理宗耳裡。尤其這「能食龍」更是歹毒，在封建社會中，天子自認是龍，食龍不就是要吃掉皇帝嗎？因此使理宗大生疑心，認為吳潛準備圖謀不軌。但是沒有抓住吳潛的罪證，也不能隨便驅逐大臣。恰在此時，理宗要立忠王為太子，吳潛反對，賈似道覺得這是整垮吳潛的一個機會，便抓住不放，大做文章。

原來理宗有個兒子名叫趙緝，早年夭折，此後再無子嗣。現在理宗已年過半百，便想立弟弟榮王的兒子趙孜為太子。太子的廢立關係重大，不能不徵求掌朝大臣的意見。當理宗就此事詢問宰相吳潛時，吳潛卻說：「以臣之見，忠王無陛下之福。」因為這忠王不僅軟弱昏庸，並且還荒淫無度，根本就擔當不起立國大任，如果讓他作皇帝，也只能是個昏君，立之於國於民都是災難。作為正直的宰相，為大宋的江山社稷著想，為天下百姓著想，便實話實說了。理宗滿心高興地以為，只要自己和吳潛打個招呼，他一定會順水推舟，表示同意，然後借著抗蒙勝利之時舉行個儀式，把太子也就算立了。哪知吳潛不知好歹，竟表示反對，理宗聽罷勃然大怒說：「那你認為誰可以作太子？」吳潛想了想那幾位王子，覺得沒有一個可以立為太子的，便沒再作聲。這使理宗更加氣憤。

賈似道聽說了這些事後，急忙跑進宮中，他裝出一副憂國憂民的樣子，主動建議理宗早立太子，並積極推薦忠王趙孜，說他如何賢德，足以擔當大任。私下又指使言官上疏彈劾吳潛，說：「冊立忠王，足慰眾望，潛獨倡為異議，居心殆不可向。」這使理宗又聯想起那些歌謠，確定吳潛另有圖謀，便下詔罷免了吳潛宰相之職。不久，立忠王為太子。

正當南宋小朝廷在熱烈慶祝抗蒙大捷，論功行賞之際，忽必烈早已回蒙古，在諸王的擁立下建立了元帝國，登上帝位之後，立即派使者郝經來與宋朝議事，一方面通知忽必烈已登帝位，另一方面是來索取歲貢，履行與賈似道在鄂州簽定的和約。他先到了宿州，派副使詢問進京的日期。邊庭立即上報，說元朝使臣郝經詢問入京日期，賈似道聞知暗暗叫苦。他似乎忘了自己的大功是靠向元軍卑躬屈膝所得，正在讓黨羽、無聊文人廖瑩中等人撰寫歌頌自己豐功偉績的《福華編》。正是有這殺元兵一百多人、私定和約的功績，自己得以獨攬大權，黨羽隨著飛黃騰達，怎能不大加頌揚呢？此時邊庭來報，使他如同作了一場惡夢，出了一身冷汗。如果郝經入朝，一切都會真相大白，自己騙來的這一切，也就付諸東流了。他立即派人加以阻止，但郝經已經三次致書樞密院，弄不好事情便會暴露。情急之下，他只好委屈郝經了，派人祕密將郝經囚禁起來。總算平息了這件事，但他還不放心。他怕宮廷中有人對此事略知一二，便把閻妃的親信董宋臣及黨羽從宮廷中清理了出去。這些人靠閻妃的關係在宮中作威作福，也幹盡了壞事，把他們清出朝廷，人們拍手稱快，以為賈似道為朝廷做了一件大好事。他們哪裡知道，這些人本是一丘之貉，只是為了掩蓋更大的罪惡，才驅逐了這些小惡。緊接著，賈似道又培植了一大批自己的黨羽爪牙，讓他們充任各種要職。這樣一來，他便真正控制了朝廷，牢牢把大權握在了手中。那宋理宗已年過六十，不理朝政，整天花天酒

相位爭奪

地在後宮鶯歌燕舞，國政也就由賈似道一人操縱了，幾乎形成了人們只知有賈丞相而不知有宋理宗的局面。

大權在握，賈似道便更加瘋狂地迫害朝中大臣，凡是對自己相位有威脅的人，不是被罷官免職，就是流放殺死。他擔心吳潛被重新起用，分割自己的權力，便決定將其置於死地。

賈似道唆使黨羽彈劾吳潛，便將吳潛流放到循州編管起來。吳潛知道賈似道是個心毒手辣的奸佞小人，必欲置自己死地而後快，肯定用卑劣的手段害人。因此事事處處都極為小心，致使賈似道派去監視他的人無法下手。但是，最終還是難逃一死。吳潛死後，賈似道覺得朝中再也沒有人可以同他爭權了，不禁暗暗鬆了一口氣，從此更加為所欲為。

景定五年，宋理宗病故，賈似道擁立度宗趙孜（後改禥）即位。度宗因為在立太子時遭到吳潛的反對，是賈似道力排眾議，使他得以立太子，才有今天的帝位，當然功在賈似道。因此對賈似道恭敬有加，每次賈似道入朝，劉禥便起身離座答拜，稱之為「師臣」，很少直呼其名。那些諂媚拍馬的官員為了討好，都稱賈似道為「周公」。把賈似道捧得不知東南西北，甚至在太后和皇帝面前也擺架子，以為朝中少了他不行，動不動就以辭官相威脅，以顯示自己的權力。

在安葬完理宗之後，賈似道假裝棄官回鄉，回家與那些狐朋狗友尋歡作樂，並指使心腹謊報軍情，說蒙古大軍南侵，攻打下沱，請朝廷火速發兵救援。朝中聞訊震驚。因軍情嚴重，太后和度宗連忙下手詔請賈似道歸朝。賈似道為了得到太師的位子，故意推三讓四不肯回來，更加讓度宗感到不安，像盼救星一樣盼他回來。賈似道回來後，度宗便要拜他為太師，使其死心塌地地為朝廷服務。但是按照宋代的規定，受封太師前，必須持朝廷符節出京。於是賈似道被授為鎮東節度使。哪知賈似道接到任命書，竟生氣地說：「節度使是個粗人的職務，為什麼要我擔任這個職務？」在他受命出節時，京城中很多人都來觀看，熱鬧非凡。可是他持節出京後，突然以「時辰不吉利」為名，命令立即回京。根據宋朝舊制，大臣奉命出節，即使是拆牆壞門，也要繼續前進，不准將節撤回。這「節」是氣節的象徵，表示有節操。節出復返，使人們感到十分震驚，現在大兵壓境，這位賈太師不肯出臨前敵，那宋朝江山還能保住嗎？對賈似道如此目無朝綱，大臣們議論紛紛，賈似道聽到之後，又以辭官威脅度宗。急得度宗連君臣之禮也忘了，向他下拜。左相江萬里看賈似道如此大耍流氓手段，心裡很氣憤，便上前扶起度宗說：「自古君臣間沒有這樣的禮節，陛下不能下拜，賈太師也不要再提辭官的事了。」賈似道真是顯足了威風，同時他也感到了他在度宗心目中的地位。因此，只要稍不如意，或有什麼沒得到，他便大耍無賴，以辭職相要挾。可是度宗昏弱無能，根本看不清賈似道的真面目。一次賈似道又要求辭職還鄉，度宗怕他離去，不僅每天數次傳旨固留，而且還多次派中使送去賞賜的物品，甚至晚上還派宦官輪流睡在賈府門外，怕他夜間離開。其實賈似道根本沒有要辭職的打算，只是想靠這種手段抬高自己的身價，進一步穩固自己的權力而已。

為了使這位專橫驕妄的股肱大臣能安心在朝中，度宗又封賈似道為平章軍國重事，每月三赴經筵，三日一朝。他常常不到朝中辦公，朝中的一切政務卻牢牢地控制在他手中。凡有大事，只讓隨從小吏抱著文件到他家中簽署。凡有臺諫彈劾，各官府舉薦和京畿、漕運一切事務，都必須請示他後才敢施行。凡是不與他同流合汙的官員，不論你品級多高，才學多博，一律罷斥。狀元文天祥及李芾、陳文龍等忠正之士，都遭到了賈似道的貶斥，並讓度宗下詔終身不用。左相江萬里乃一飽學之士，度宗在經筵每次問賈似道一些古人姓名和經史中的一些問題，賈似道懵然不知，無以對答，江萬里有時只好代他回答。此事使賈似道十分難堪，對江萬里開始嫉恨。因為賈似道不知道的東西，你江萬里竟敢知道，這不是有意出我老賈的醜嗎？於是便處處為難他，排擠他。江萬里當朝左相，就因為才學比賈似道高，便被排擠出朝。賈似道的權威便可想而知了。

咸淳八年九月，度宗在明堂行祭祀之禮，任賈似道為大禮使。禮成後正趕上天下大雨，賈似道約定度宗雨停之後再乘車回宮。但是大雨下個不停，正好胡貴嬪的哥哥胡顯祖帶了遮雨的雨具，就請度宗乘「逍遙輦」回宮。度宗忙問：「這事太師知道嗎？」胡顯祖早已等得不耐煩了，便撒謊說：「他已經同意了。」度宗便在他的陪同下乘輦回宮。賈似道對此事大發脾氣說：「我身為大禮使，陛下的行動居然不讓我知道，我請求辭職。」說罷當天就走了，度宗怎麼也留不住，沒辦法，度宗只好罷免了胡顯祖的職務，又流著淚把胡貴嬪送出宮外當了尼姑，賈似道才勉強回來。賈似道如此擅權，專橫跋扈，朝中竟無人敢議，度宗只好忍讓。

此時的賈似道真可以說位極人臣，權傾朝野了。這個早年專會尋花問柳、酗酒賭博的市井無賴，為相之後，不僅惡習不改，更是依仗權勢，恣意淫樂。度宗將西湖葛嶺的一處甲第賜給了他。這裡傳說是晉代葛洪煉丹的地方，風光秀麗，建築豪華。他把在葛嶺建造的臺亭稱為「半閑堂」，把花園叫做「養樂圃」，終日悠閑自得，盡情享樂。當時蒙古軍隊圍攻襄、樊，賈似道卻置若罔聞，派手下的爪牙到民間騙搶女子作小妾，府內還養妓女、尼姑數十人，整日鬼混。他還常常同賭徒嫖客妓女們一起鬥蟋蟀，並將自己養鬥蟋蟀的經驗加以總結，編了一本《蟋蟀經》。京湖制置使汪立言對賈似道的荒淫無恥實在看不下去了，便寫了封信給他說：現在宋朝天下大勢已去，可你卻有心思於聲色犬馬，不顧國家安危。賈似道看了信後，不知自省，反而暴跳如雷，對他進行了殘酷的打擊迫害。

一天，賈似道正同小妾群妓們圍在一起鬥蟋蟀，正鬥得興起之時，門報說欽使到。賈似道覺得掃了他的興，非常不耐煩地叫道：「就是皇帝來了也得等我鬥完蟋蟀再說。」終於等他鬥完蟋蟀才接待欽使。欽使向他轉達皇帝的詔命，要他盡快入宮議事，他拖到第二天才入宮見度宗。

度宗一見賈似道，便如同見到了救星，焦急地說：「襄陽已被蒙軍包圍三年了，這可怎麼辦呢？」在他的腦子裡，只有賈似道能夠打敗蒙古軍。賈似道心中暗暗吃驚，心想，我把消息封鎖得這樣嚴密，他怎麼知道的。但臉上卻故作鎮靜地說：「哪有這種事，蒙軍早已北撤，陛下從哪裡得到這一消息？」度宗說：「今天聽女嬪說及此事，才召問師相。」賈似道不高興地說：「陛下怎能聽信婦人之言，難道朝中大臣不知有無此事嗎？」賈似道怪此女多事，便派人查出其名姓，借口此女嬪有曖昧情事，逼度宗將她賜死。

原來蒙古派出郝經作為使臣到南宋被囚禁後，忽必烈派人多方打探他的下落，均無結果，便以此為借口準備大舉南侵。被賈似道逼迫投降蒙古軍的大將劉整，對南宋軍情十分了解，他建議忽必烈，要取南宋必先攻取襄陽。在劉整的謀劃下，蒙古軍趕造五千隻戰船，大力加強水軍訓練。當蒙古軍大舉南侵的時候，賈似道正忙於鬥蟋蟀，狎妓賭博，扣下了所有的奏報。但是告急文書像雪片一樣飛向京師，這時賈似道覺得紙怕是真包不住火了，才敦促范文虎率領十萬大軍前去解圍，可是剛一交戰，便大敗而歸，損失十分慘重，襄、樊危機加劇。不少大臣都主張派高達率軍前去支援，御史李旺把這個建議轉報賈似道，希望他能同意這唯一可救襄、樊的建議。賈似道卻搖頭說：「我如果用高達，那麼呂氏怎麼辦呢？」（賈似道自比輔佐漢惠帝的呂后）一些朝廷大臣聽他此言，不禁仰天長嘆：「呂氏安趙氏就危險了。」為了救援襄陽，荊湖制置使李庭芝，招募三千驍勇的民兵，由將領張順、張貴率領，乘漢水上漲時，帶著火槍、火炮等駕船強行衝破敵軍封鎖，轉戰一百二十里，進入襄陽城內。張順在途中壯烈犧牲。張貴進入襄陽城後，與守將呂文煥共同禦敵，後準備出城向范文虎請援兵，但被叛徒洩密，突圍時被早有準備的蒙古軍夾擊。張貴奮勇拒敵，受傷被俘，以身殉國，所率勇士全部戰死。

咸淳九年，蒙軍採用水陸夾擊的辦法，燒斷了浮橋，隔斷了樊、襄兩城的聯繫，使其無法互相救援，接著蒙軍攻破了樊城。宋軍守將范天順面對強敵，浴血奮戰，決心「生為宋臣，死為宋鬼」，後終因寡不敵眾，自縊殉國。樊城失陷後，襄陽便成了一座孤城。此時城內糧草斷絕，人心惶惶，呂文煥又因得不到援兵，無法堅守，便投降於蒙古軍。

襄、樊失守後，賈似道竟對度宗說：「我多次請求行邊督戰，但陛下不准，如果早派我出去，襄陽怎會失陷呢？」的確，在襄陽失陷之前，賈似道多次上疏度宗，請求帶兵抗擊蒙古軍。但這奸佞小人同時又暗中指派親信黨羽上表，堅決要求把他留下，「居中以運天下。」

其實他膽小如鼠，怕得要死，只是故作姿態而已。現在襄、樊失守，他不得不再裝裝樣子，於是上疏表示：「目前局勢如此，如果我不上下奔走，聯絡氣勢，恐怕事情更不好辦。」可是宋度宗根本不知他是在賣關子，竟堅決地說：「師相必須留在臨安，不可一日離開我身邊。」度宗真的把他看成了保護神。於是賈似道又建立了機速房這樣一個辦事機構，名義上是要革除「洩漏兵事，稽遲邊報之弊」，實際是便於更嚴密地控制蒙古軍南下的消息。

咸淳十年，元世祖忽必烈下詔攻宋。其借口就是賈似道撕毀和約，扣押蒙古使臣郝經。丞相伯顏督率蒙古大軍，水陸並進，從襄陽順漢水入長江，相繼攻陷郢州、漢口、漢陽諸鎮。度宗在焦慮中病死，年僅四歲的趙㬎即位為恭帝，宋度宗母謝氏以太皇太后身分聽政。迫於朝野的強大壓力，賈似道不得已在臨安建立都督府，擺出迎戰的架勢。賈似道因為懼怕叛將劉整，便找借口按兵不動。直到劉整在第二年病死，他才宣布出征。賈似道統率十三萬精兵，從臨安出發。隊伍浩浩蕩蕩，光用裝載金帛、財寶的船隻，連起來就有一百多里。船隊經過安吉時，由於他的船過大，在堰中擱淺。賈似道命幾千人下去拽也沒法拽動，只得換船行進。抵達蕪湖後，賈似道急忙派軍中的蒙軍戰俘帶著禮品去見伯顏，並派宋京隨同前去議和，請求稱臣納貢。伯顏讓宋京轉告賈似道：「如果我軍未渡江時尚可議和入貢，現在沿江州郡已被我軍占領，談論議和已晚。不過，賈似道如果真心議和，請他到我營中來面商。」賈似道本以為議和成功，年年入貢稱臣，這南宋半壁江山尚可保住，自己仍然可以獨掌大權。可是現在人家不許，自己的前程便很難把握了。

求和看來是沒指望了，賈似道被迫與蒙古軍交戰。他將精兵七萬人交給孫虎臣統領，駐紮在池州下流的丁家州。又命夏貴以戰艦二千五百艘橫列江中，自己統領後軍屯於魯港，準備進行決戰。孫虎臣本是一個無名小將，也實在沒有什麼指揮才能，突然間成為前敵總指揮，別的大將都不服氣，因此號令不一。結果剛一交戰，七萬大軍便被擊垮。夏貴更是不戰而逃。賈似道在魯港坐鎮，見孫虎臣、夏貴敗歸，慌忙鳴金收兵。賈似道手足無措，忙問夏貴現在該怎辦。夏貴說：「諸軍已膽寒，無法再戰，師相只有速入揚州，招集潰兵，至海上迎駕。」說完便回軍中安排戰事去了。賈似道和孫虎臣更無計可施，忙乘小船飛奔揚州。第二天，潰敗的宋兵陸續沿江而下，賈似道派人登岸舉著旗幟召集江面敗兵，軍士兵們一看旗上的賈字，無一人理睬，不少人反而向岸上唾棄、謾罵。

宋軍全線潰敗。

賈似道魯港之役大敗，使南宋的精銳部隊喪失殆盡。賈似道逃回後，召集各郡王到海上迎接皇上，並上疏請求遷都，謝太后堅決不同意。此時忽必烈的詔書已公諸天下，賈似道暗中與蒙古軍求和納貢、扣押蒙古使臣的醜事無人不知，他欺君誤國的真相昭然若揭。群情激憤，朝野詈罵，恨不得生吃賈似道的肉。樞密使陳宜中上疏請誅賈似道以平民憤。但謝太后以賈似道效力三朝為由，只下詔罷免了賈似道的宰相職務。接著又招回了被賈似道貶逐的文天祥等官員，並下令處死賈似道的死黨翁應龍、廖瑩中、王庭等人。太學生們又連續上疏請誅賈似道，一些大臣也紛紛響應，但謝太后還是不准。左相王愉上疏指出：「本朝權奸之禍，沒有像賈似道這樣酷烈的。朝野臣民多次上疏彈奏，卻被陛下擱置不問。如此不恤人言將何以謝天下？」太后才不得不下詔將其貶到婺州。婺州人聽說賈似道要到這裡，堅決不讓入境。於是朝廷又將他貶往建寧，翁合上奏說：「建寧是大儒朱熹的家鄉，即使是孩童也知禮義廉恥，聽說賈似道的名字就惡心，怎能見他本人呢？」後來中書舍人王應麟等建議將他貶往嶺南，編管在循州。

福王與芮非常痛恨賈似道，私下招募想借機殺死賈似道的人做監押官，好在途中殺掉他。縣尉鄭虎臣父被賈似道所害，懷著為父報仇的願望應招監押。途中他打發走賈似道的幾十個隨行姬妾，又命轎夫撤去轎子的頂蓋，讓他在烈日下暴曬。走到一座古寺時，牆上有當年吳潛被賈似道貶官南行的題字，鄭虎臣問賈似道：「賈團練，吳丞相為什麼會到這裡？」賈似道羞愧得說不出話來。

一路上，鄭虎臣反覆羞辱賈似道，勸他乾脆自殺。可是賈似道竟然好死不如賴活著，說：「太上皇后許我不死，我要等有詔才死。」孫虎臣怒火中燒，國恨家仇一下子涌到心頭，說：「你不要用聖旨嚇我，能為天下人殺了你這個奸賊，死而無憾。」說著，使出全身力氣當胸一拽，賈似道便結束了罪惡的一生。

由於賈似道欺君誤國，大宋朝已經奄奄一息，不久，元兵入主中原，南宋王朝便斷送在一個無賴小人手中。

亂世賢相，壯志難酬

脫脫（一三一四—一三五五年），字大用，蒙古人，蔑兒乞氏。自幼便有超群之能，志向非凡。他曾師從浦江名儒吳直方，對漢文和儒家典籍造詣頗深。有一次他向老師請求說：「如果讓我整天端坐讀書，不如每天記古人嘉言善行，可終身受用。」吳先生看著這位入學不久的學生，覺得小小年紀便有如此志向，將來必可大用。從此便勤加教導，將自己所學傾囊而授。

隨著年齡的增長，脫脫不僅聰明過人，而且長成了體貌俊偉的男子漢。天歷元年（一三二八年）襲授成制提舉司達魯花赤。元文宗非常器重這位初出茅廬的小伙子，說：「此子將來必可擔當大任。」因此對他格外提攜，到元順帝元統二年（一三三四年）他已由中政使遷為同知樞密院事。

脫脫為人正直，具有遠見卓識。他不畏強權，即使是皇帝的所作所為，如果有誤，他也敢於犯顏直諫。至元四年，順帝妥懽帖睦爾從上都回來，到雞鳴山的渾河時，準備在保安州狩獵。脫脫認為不妥，便勸諫順帝說：「古代帝王端居九重之上，每天和大臣、積學之士講求為政之道，至於飛鷹走狗，不是帝王的事。」脫脫的話雖然很讓順帝掃興，但他卻欣然接受了這一勸告，並授脫脫金紫光祿大夫，兼紹熙撫使。

脫脫的伯父伯顏，此時任中書右丞相。此人專橫而暴戾，尤其平定了權臣唐其勢的叛亂之後，伯顏更加目空一切。在朝中為所欲為，他可以擅自做主赦免已定死罪的犯人，任意對人封官加爵。任用奸人，網羅死黨，獨柄朝政，禍國殃民。他可以隨便把諸衛的精兵據為已有，也可以任意揮霍國家府庫的錢財。元順帝雖然一肚子不滿意，但看到他權勢熏天，也只好強壓心中不平，朝中諸臣更是敢怒而不敢言了。

脫脫性格剛烈，疾惡如仇，他非常痛恨朝中的腐敗惡習，對那些飛揚跋扈、恃強驕橫的人也絕難容忍。令他感到痛苦不安的是，眼下在朝中專權橫行的竟是自己的伯父。脫脫小的時候曾寄養在伯父家，情感上而言，養育之恩終生難忘。但從國家大局來看，伯父的行為已經在壞政亂朝。怎麼辦？他怎麼也想不出一個兩全的辦法，他知道欺君罔上是犯滅族之罪。他去找父親說：「伯父驕縱已極，萬一天子震怒，我們就要族誅了。不如在他未敗之時先想辦法。」他的父親也覺得有道理，但那畢竟是自己的哥哥，心裡猶豫不決。如果讓伯父繼續下去，即使沒被抄家滅族，大元的江山也會敗於其手。脫脫只好向老師吳直方請教。吳直方

相位爭奪

知道脫脫的心思，他對學生的個性十分了解，沉思了片刻說：「《左傳》上就有大義滅親的例子，大夫只知忠於國家，還有什麼可以顧慮的呢？」教師的話堅定了脫脫為民除害的決心。但是要除伯顏並非那麼簡單。當時在元順帝的周圍，伯顏早已安插下心腹黨羽，皇帝和大臣們的一舉一動都在其監視之下。朝中可以信賴的大臣只有世傑班、阿魯和奎章閣廣成局副使楊瑀，脫脫便在私下與他們結納，準備伺機而動。

至元五年的秋天，順帝到上都巡幸，伯顏正好也出門在外，脫脫和世傑班、阿魯計劃在伯顏回來時將其拒於東門外，以奪其相權。但由於雙方力量相差懸殊，只好作罷。恰在此時，發生了范孟矯詔殺省臣一案，經過追查，廉訪使段輔也被牽連進去。伯顏於是大耍淫威，對三臺大臣說，以後不准漢人當廉訪使。奸臣別兒怯不花此時任御史大夫，他最善於見風使舵，雖然伯顏在朝中橫行無忌，權傾朝野，但很多大臣對他義憤填膺。別兒怯不花怕人們說他阿附伯顏，便裝病不上班，因此伯顏給皇上的奏章便被壓了下來。伯顏急三火四在催，監察御史忙去找脫脫，脫脫說：「別兒怯不花的職位比我高，而且是掌印官，我怎麼敢專權？」別兒怯不花畏於伯顏的權力，聽脫脫這樣說，心裡很害怕，馬上要出來辦公。脫脫覺得不好阻止，便去找吳直方商量對策。吳直方指點說：「這是祖宗制定的法度，絕不可廢，為什麼不先對皇上說清楚。」於是脫脫便把情況報告了順帝。等奏章上來時，順帝根據脫脫的意見，說漢人任廉訪使是祖宗定的，不能廢除。伯顏已經知道這是脫脫的意見，便在順帝面前發起火來，根本不顧及君臣禮儀。他憤憤地說：「脫脫雖然是我侄子，但他在心裡袒護漢人，必須嚴加懲治。」順帝只好解釋說：「這都是我的意見，與脫脫無關。」伯顏雖然囂張，但對皇帝他還不敢太放肆。事後順帝氣得向脫脫哭訴，並流露出堅決斥逐伯顏的意思。於是脫脫找世傑班和阿魯商議，準備在伯顏入朝時將他抓獲。但此計劃讓伯顏看破，產生了懷疑，於是增加了衛兵，計劃也只好告吹。

但多行不義必自斃，這是歷史的規律。至元六年二月，伯顏請太子到柳林打獵，就在他們縱馬追趕獵物之時，怎麼也不會想到垮臺的日子到了。在朝中，脫脫、阿魯等人正在策劃，用所掌握的部隊和皇宮衛隊抗拒伯顏。晚間，順帝親臨玉德殿，召集近臣汪家奴等出午門聽命，又讓楊瑀等人草擬詔書，列數伯顏罪狀。一切都布置妥當時，順帝命中書平章政事只兒瓦歹齎到柳林送詔書。當伯顏急忙騎馬回到京城時，天色已蒙蒙亮了。伯顏見脫脫坐在城門上，不禁大怒，準備下令衛兵攻城。脫脫對城下喊道：「皇上有旨，只驅逐丞相一個人。」那些衛兵平時懼怕伯顏，那是因為他手中有權，此時皇帝下詔逐他，大權盡失，衛兵們紛紛散去。伯顏喝止不住，見大勢已去，只好向南逃走。伯顏集團從此瓦解。

在清除伯顏集團後，脫脫於至正元年出任中書右丞相。這位年僅二十歲的青年丞相，開始施展自己的抱負。此時他熱血沸騰，恨不得一下子把朝中腐敗的惡習改變過來，重振朝綱。脫脫上任後即更改伯顏時的舊政，重新恢復了科舉取士法，恢復了太廟四季的祭祀活動，還昭雪了伯顏所製造的一些冤案。同時還開馬禁，減少鹽額，蠲除拖欠的賦稅。還開經筵，挑選德才兼備的儒臣為皇帝講經。他採取的一系列新政，受到了朝野內外的普遍贊同，人們都稱他為賢相。

然而，革除舊弊，必然要損害一部分人的利益。尤其他年紀輕輕便身居相位，掌握重權，難免會遭到一些人的嫉恨。就在脫脫大展宏圖、勵精圖治的時候，已經有小人在放暗箭了。

左丞相別兒怯不花，陰險狡詐，雖然德不高、才不著，但是野心卻不小。按照元朝官制，丞相分左右二職，左丞相輔助右丞相處理國家大事。別兒怯不花在一個比自己小很多的年輕人手下工作，心裡很不是滋味。尤其脫脫才高識卓，稱譽朝野，更令他自慚形穢。一想到脫脫年齡比自己小得多，如果要等他退休讓位，自己這一輩子就別想當右丞相了。嫉妒心和野心往往是孿生的，如果人不能加以抑制，往往便不能正確認識自己，其行為就會失去常態。在嫉妒心和野心的驅使下，別兒怯不花每天都用兩隻眼睛盯著脫脫，希望能找到他的一些失誤，想方設法加以陷害。

別兒怯不花多次在順帝面前進讒言，對脫脫進行誣陷誹謗。而這元順帝妥懽帖睦爾是一個庸碌的君主，不善朝政，因此偏聽偏信讒言。在別兒怯不花的挑唆下，順帝開始懷疑脫脫，有些事情不找脫脫，而直接讓別兒怯不花辦理。

脫脫年輕氣盛，他痛恨奸佞小人暗箭傷人，更痛心元順帝遇事不察，偏聽讒言。自己的一片忠心卻不被理解，這是最讓人痛苦的。一氣之下，他便上疏順帝，以自己身體不好為由，請求辭去官職。順帝不同意，但脫脫堅決請辭。此時順帝似乎覺得有點愧對脫脫，於是下旨封他為鄭王，食邑安豐，賞賜巨萬，但脫脫都堅辭不受。

別兒怯不花終於如願以償了，他本該高興得跳起來，但望著脫脫歸去的背影，他怎麼也樂不起來，他似乎總有種預感，此人還會重返朝廷。他千思萬想，阻止脫脫重返朝中最好的辦法就是置之於死地。他那陰毒的小眼睛一轉，臉上露出了一絲奸笑。

此時別兒怯不花雖是左相，但是由於在相位上已經經營了幾年，且由於構陷排擠走脫脫，實際權力還是在他手中。他想，新任右相阿魯圖，剛到相位還摸不著頭腦，自然先要依靠他。其實別兒怯不花早已打算好，先拉攏阿魯圖，利用他去加害脫脫，害死脫脫後，再想辦法把他從相位上趕走。哪知君子和小人不足與謀，阿魯圖對別兒怯不花陷害脫脫早已痛恨不已，現在竟想讓自己助紂為虐，不由心頭火起，對別兒怯不花進行了痛斥。惱羞成怒的別兒怯不花於是便開始向順帝進讒言，又唆使心腹黨羽排擠阿魯圖。在四面夾擊下，阿魯圖只好辭去相位。

阿魯圖下去之後，昏庸的順帝便任命別兒怯不花為右丞相。別兒怯不花終於實現了自己的野心，但他同時又坐立不安起來。因為脫脫這塊心病未除，他怎能睡得安穩。由於脫脫的威望太高了，的確又抓不到他的什麼把柄，立即害死他根本不可能。幹了虧心事的人，心裡時時都有一種自危感，總覺得對方時時在危及自己。一時整不死脫脫，那就先整他父親。別兒怯不花想來想去，覺得這個主意不錯。脫脫的父親馬扎爾臺，在清除伯顏集團後被任命為右丞相，不久因病辭去相位。別兒怯不花便在順帝面前大進讒言，誣陷馬扎爾臺企圖謀反。順帝是個聽風便雨的昏庸之輩，下詔將馬扎爾臺流放到甘肅。當時馬扎爾臺已是六十歲的老人，又有病在身，為了照顧父親，脫脫上疏力請與父親同行。

這西行路上，人跡稀少，大漠孤煙，讓這一老一少怎能不感慨萬千。父子都曾為朝中丞相，為朝廷也立下了汗馬功勞，如今小人構陷，皇帝昏庸，竟不分青紅皂白，把他們向死亡線驅趕。不知經受了多少風雨，越過了多少險灘崎嶇，父子倆飽受勞苦之後，終於活著到達甘肅。可是剛到那裡不久，便接到順帝的詔令，將馬扎爾臺移到撒思（新疆境內），分明是讓他們死於路途。這又是別兒怯不花的陰謀，當他知道馬扎爾臺父子活著到甘肅時，心裡總覺得不舒服，因為只有讓他們父子死在途中，才能去掉自己的心病，他才會有安全感。於是便請順帝將他們移到撒思。那裡是一個讓人生畏的地方，不僅路途險惡遙遠，而且要穿過沙漠、越過冰山才能到達，被流放到那裡的人，很少有人能活著回來。馬扎爾臺和兒子脫脫，接過皇帝的詔書，擦去悲憤的淚水，拖著病體一步一步向西邊繼續行進。

人算不如天算，別兒怯不花擠走了右相阿魯圖，又將脫脫的父親發配到撒思。按照他的想法，脫脫父子不死在路上，也會死在流放地，絕無生還之理。於是在朝中弄權，大搞陰謀，無所顧忌。他的行為受到了朝中很多正直大臣的反對，不少大臣上疏彈劾。順帝此時方才醒悟，將別兒怯不花貶黜。別兒怯不花一倒臺，朝臣們紛紛為脫脫父子鳴冤，元順帝立即下詔讓他們返回甘肅。詔書下到時，脫脫父子剛好來到黃河邊，望著滾滾翻騰的黃河之水，脫脫心潮起伏難平。他很想在政治上有所作為，但是朝中就像這黃河之水，渾濁而又險惡。自己空有報國之志，卻難以實現。

回到甘肅後，馬扎爾臺由於年老多病，加上流放路上的折磨，不久便去世了。順帝念脫脫對朝廷立下的豐功偉績，便將他召還京師。

元至正九年，順帝罷了朵兒只、太平都的相位，詔令脫脫再次任中書右丞相。

此時的元朝，不僅國庫空虛，而且自然災害不斷，加上各地紛紛發生農民起義，整個大元王朝如同一座快要倒塌的大廈，千瘡百孔。脫脫受命於危難之時，他要努力支撐，不讓大廈倒下。

當時黃河在白茅堤決口，又在金堤決口，連續五年不能堵住缺口，中原地區方圓數千里被淹，給百姓帶來巨大災難，多少人只好背井離鄉。作為丞相，脫脫覺得有責任為百姓解除痛苦，他下定決心治理黃河。他採納了賈魯的計劃，決定施工堵塞缺口，並親自掛帥，擔任治河總指揮。很多大臣出於各種動機勸他慎重，有的大臣顧及財政上的困難，也來阻止他這樣做。但脫脫看著那些流離失所的百姓，他對大臣們說：「皇帝方憂慮百姓，為大臣的職責所在，應當為皇上分擔國憂，大家都明白黃河決口若不解決，將來危害更大，這就好像人得了病一樣，如果拖延不治，最終會病死。自古以來河患就是難治的疾病，現在我一定要除去這個疾病。」說服眾人之後，脫脫奏請用賈魯為工部尚書，具體負責治理黃河的工程。僅用了八個月的時間，便疏通了黃河故道。為了嘉獎脫脫的功勞，元順帝令人制《河平碑》以永載史冊。

元朝末年又出現了紅巾軍起義，脫脫親自領兵征討，將徐州的紅巾軍起義鎮壓下去。元順帝又下詔，立碑表彰脫脫的功績。脫脫當時的聲譽可說如日中天，是朝中頂梁之臣。就在脫脫叱吒風雲，準備為重新振興元朝而努力的時候，新的危險已經悄悄向他襲來。

當時朝中有位大臣叫哈麻，他的母親曾是元寧宗的奶媽。父親名禿魯，曾受封冀國公。

哈麻與其弟弟雪雪依靠父輩的庇蔭，都得到順帝的寵信。尤其這哈嘛，專會諂媚奉承、溜鬚拍馬，見風使舵、花言巧語也是他的一大特長。因此而成了順帝的心腹近臣。

脫脫隨被流放的父親在甘肅時，順帝在言語中時常提及脫脫，流露出重新起用他的意思。哈麻最懂得怎樣逢迎順帝，於是多次在順帝眼前大談脫脫的經世之才，及在朝之功。大凡會逢迎者都會鑽營，逢迎只是一種手段，鑽營才是目的。因此在別兒怯不花下臺後，脫脫重新出任右丞相，哈麻便不放棄任何機會，在脫脫面前極力誇耀自己的舉薦之功，以取得脫脫的信任和好感。脫脫還真被他的虛情假意所蒙騙。哈麻說假話時表情異常懇切，言語也樸實得讓人感到真實可信。當脫脫親自率軍前去鎮壓紅巾軍起義時，覺得朝中也只有哈麻值得信賴，因此便向順帝推薦哈麻，說此人可以重用。其實即使脫脫不說，憑哈麻那只專會花言巧語的嘴，也會得到順帝的重用。

安排好朝中的事情之後，脫脫特意找來哈麻，語重心長地對他說：「如今國事繁重，亂賊四起，侍御史輔佐皇上應盡職效忠，這樣我才能安心出師。」

哈麻見脫脫對自己如此信任，不禁有些感動，眼睛裡還擠出了幾滴眼淚，表示請丞相放心吧，朝中之事我哈麻會做好的。其實哈麻心裡卻在做另一番打算。他早已看著右丞相的位子眼熱，他也時時在尋找時機，只要時機一到，他便會不顧一切地向著這人臣最高地位衝殺。

對於陰謀家來說，雖然目的都是在打擊異己，但手段卻各有不同。哈麻不是那種外露型的，像以往統治階級內部權爭那樣，先劃好界壘，雙方陣線分明。他是先討好逢迎，取得你的信任，然後下手，往往會致人死命。哈麻早想取代脫脫的位置，但在時機不成熟的時候，他反而積極舉薦脫脫復相，因為他知道順帝想起用脫脫，硬爭是愚蠢的。這樣的人往往是最陰毒可怕的。

脫脫離開京城之後，哈麻為了進一步討得順帝歡心，得到皇帝的寵信，利用作為皇帝近臣的條件，偷偷為順帝引進了一位西番僧，專門向順帝傳授怎樣尋歡作樂的方法。昏憒之極的順帝，於是便不思政事，把朝廷的安危置於腦後，廣採民女，日夜在後宮行樂宣淫，醜聲穢行，著聞於外，而哈麻卻博得了順帝的賞識。經過一番活動之後，哈麻得以進入中書省升為平章政事，並任宣政院使，進階光祿大夫。

不久，哈麻導帝宣淫的行為傳到脫脫耳裡，尤其聽說順帝整天忙於淫樂、不思朝政，心裡十分焦急，他非常氣憤地對人說：「國家本來就不太平，哈麻又如此作惡，我上對不起皇帝，下對不起天下百姓。」他的心裡十分不安，哈麻是自己向皇上推薦的，所薦非人，以致誤國，自己也有責任。

為了維護元朝的基業，他決定回到京城，規勸順帝以國事為重。於是他簡單收拾了一下，帶著隨從，星夜趕奔京城。

回到京城後，聽到人們的議論，尤其聽了治書侍御史汝中柏和弟弟御史大夫也先帖木兒的報告，更增強了他入宮進諫順帝的決心。

這一天脫脫來到後宮，請守門的太監稟報脫脫求見順帝。那太監說皇上正忙，請稍等。脫脫等了好半天也不見順帝人影，有些急了，於是催促太監說：「我軍務在身，不能久等，我有要事求見皇上，請速通報。」那太監這才進去通報。

此時順帝正在後宮與宮女們玩得興致勃勃，見脫脫來了，心裡不太高興。問他所來何事？脫脫為了社稷著想，也顧不上自己的話是否讓順帝聽了不滿意，直言規勸說：「古時的暴君，莫過於夏桀、商紂。夏桀寵愛妹喜，商紂寵愛妲己，都是由於受不良之臣引誘，導致亡國。現在哈麻引誘皇上，做出這種事，應該將其革職流放，將西番僧驅逐出宮，以杜絕淫亂。」此時後宮裡絲竹琴聲隱隱傳到順帝耳中，使他更感到心不在焉，不耐煩地說：「哈麻不是你推薦的嗎？」

順帝的反問讓脫脫很難張口，但他馬上回稟說：「臣確實為國家江山社稷著想，不料臣一時糊塗，錯薦了哈麻，臣知罪。現在哈麻禍亂朝廷，脫脫不能包庇縱容他。如果皇上仍信任哈麻，那後人豈不是將皇上比作夏桀、商紂了嗎？」

脫脫的一番苦心良言，不僅沒有打動順帝的心，反而增加了順帝的反感。

脫脫在京城待了幾天，沒能說服順帝，不覺感到有些心灰意冷。此時，紅巾軍起義的聲勢更大，各地警報如雪片似地飛向京城，脫脫為了穩固元朝的統治，只好再赴沙場。但是朝中的奸佞未除，這使他感到十分擔心。

在朝中，治書侍御史汝中柏，對哈麻的罪行十分痛恨，脫脫離開京城後，哈麻的活動更加猖獗。汝中柏感到了哈麻的潛在威脅，多次對也先帖木兒說：「哈麻必當屏斥，不然必為後患。」但也先帖木兒是個優柔寡斷的人，他說清除哈麻要等脫脫回來後再動手。他們沒有料到隔牆有耳，他們的談話被哈麻的暗探聽到，並立即報告了哈麻。哈麻聽到這一消息，驚得目瞪口呆，他感到一場生死搏鬥就要開始，不是你死就是我死，於是決定在脫脫回來之前先下手搞掉也先帖木兒和汝中柏，哈麻伙同其弟雪雪暗中搞起了陰謀活動。輿論往往是行動的先導，他們在朝中大造輿論，首先找到曾在立皇太子問題上不滿的奇皇后挑唆說：「皇太子的確立和冊寶及不行郊廟之禮，都是脫脫兄弟幹的。」一下子激起了奇皇后對脫脫兄弟的憎恨。

哈麻計劃首先搞掉脫脫的弟弟也先帖木兒，於是首先把皇太子拉到自己一邊，接著又糾集了桑哥實理、明理明古等人在皇太子面前誣陷脫脫。此時，也先帖木兒有病在家休息，離開了御史臺。哈麻覺得有機可乘，便指使自己的親信、監察御史袁賽因不花，反覆上疏，編造了也先帖木兒的罪狀。順帝此時興趣主要在後宮，根本沒有心思去分辨忠奸，更沒有精力去調查是否屬實，加上哈麻的讒言，順帝便下詔收繳了也先帖木兒的御史臺印，將其撤職並賜死，籍沒全部家產。為了表彰哈麻的忠心，竟將抄沒也先帖木兒的家產賞給了他。

整倒了也先帖木兒，使哈麻大為振奮，此時他便兇相畢露，向脫脫伸出了魔爪。其實，他整也先帖木兒只是小試鋒芒，試探一下順帝對自己究竟信任與否。如果順帝支持的話，說明他對脫脫有戒心。如果順帝不同意整垮也先帖木兒，那麼對脫脫的行動就要小心。現在他終於敢於站出來與脫脫決一雌雄了，因為順帝是站在他這邊。

哈麻經過精心策劃之後，立即指使死黨袁賽因不花上奏彈劾脫脫，奏書中誣陷說：「脫脫出師三月，勞師費財，寸功未立，傾國家之財以為己用，領朝廷一半官員以為自隨。」

脫脫此時正率軍南下扛蘇高郵，去攻打張士誠的紅巾軍，他一心為了元朝的江山社稷，哪裡想到背後會有人捅刀子。正當脫脫準備對張士誠發起強攻時，皇上的詔書到了。脫脫的部下似乎預感到此詔書兇多吉少，有人私下對脫脫說：「將在外，君命有所不受，請丞相不要打開詔書，一旦打開，一切都完了。」可脫脫是個正直的君子，尤其對元朝統治者抱有幻想，他認真地說：「天子之命，如果不從，就是違命，身為人臣，應該以君臣大義為重，我不計較生死利害。」說著毅然將詔書打開，果如人們所料，皇上在詔書中命河南行省左丞相太不花、中書平章政事月闊察兒、哈麻的弟弟雪雪三個人替換脫脫統率軍隊，削奪脫脫的官爵和兵權，安置淮安。真是禍從天降，將士對此非常不平。脫脫雖然年輕，但久在官場，又經過父親的變故，對這些事情早已看得很透。這時他顯得十分鎮靜，他知道自己進京彈劾哈麻，他肯定懷恨在心，像他那種奸佞小人，對此絕不會善罷甘休。哈麻千方百計奉迎元順帝，目的就是為了和自己爭權。而順帝被哈麻所蒙蔽，不辨是非，這也是忠介之臣的最後下場。因而謝旨道：「臣至愚笨，蒙天子寵愛，委以軍國重事，早晚兢懼，弗能勝，一旦釋此重負，上恩所及者深矣。」他安撫一下激憤的將士們，要他們服從命令，不得做出過格的事來。然後交出了兵權，向淮安奔去。

哈麻兄弟終於用奸計扳倒了脫脫，升任為中書右丞，其弟弟雪雪為御史大夫。但他們並沒有停止對脫脫的迫害，因為他們非常清楚，但憑脫脫的文才武略，只要他不死，還會東山再起的。因此當脫脫抵達淮安不久，他便請旨將脫脫改徙到雲南大理鎮西路。脫脫的兩個弟弟也分別被流放，並將其家產抄沒入官。

脫脫心裡明白，哈麻之所以慫恿順帝把自己流放到一次比一次遠的地方，無非是想把自己折磨死。他不禁想起隨父親流放到甘肅的情景，內心不覺悲涼起來，看著到處都是離鄉背井的百姓，他預感到元朝的統治再難維持了。經過了千難萬險，脫脫終於平安地到達雲南大理。

哈麻聽到脫脫到達雲南的消息，心裡非常著急，真可以說是寢食不安。他想再請皇帝下詔將其處死，恐怕順帝不會這麼做，因為順帝十分欣賞脫脫的才能。如果脫脫不死，將來有一天可能就是哈麻死了。他越想越著急，乾脆一不做二不休，矯詔賜脫脫鴆酒，永除後患。脫脫終於死在奸臣哈麻之手，時年才四十二歲。

十年之後，監察御史張沖等大臣，上疏為脫脫鳴冤。順帝下詔恢復了脫脫的官職，把他的兒子召回朝中，家產奉還，一代賢相脫脫的冤案得到了昭雪，如果他地下有知，又會做何感想呢？

據奸逞惡，父子橫行

嚴嵩，字惟中，號介溪，江西分宜人。生於一四八〇年，時值明憲宗成化十六年。其祖上也曾有人為官作宦，到了他父親的時候，家道衰敗，但是仍不失書香傳家。其父嚴淮是個屢試不第的秀才，是縣裡教私塾的先生。嚴嵩從小便飽讀詩書，很有才氣，十一歲成秀才，二十六歲中進士，由庶吉士授翰林院編修。在翰林院中任職，如果有所成就便有入閣的希望。但是天不作美，嚴嵩因為身體有病，不能在京任職，只好告假回鄉。他在鈐山書院一邊養病，一邊讀書，默默度過了十年之久。嚴嵩為人機詐多變，幹練善謀，城府極深。明正德十三年（一五一八年）他被朝廷召回，很快遷升為翰林院侍講，署理南京翰林院事，幾經升遷，再入調為國子監祭酒。但是嚴嵩真正發跡的轉折點是在武宗去世，世宗登基之際。

一五二一年，武宗朱厚照病故，因為自己無子，便將皇位傳給了堂弟興獻王朱祐杬之子朱厚熜，是為世宗。世宗皇帝有個特點，就是幻想長生不死，特別迷信鬼神。他即位之後，不是首先整頓朝綱，制定安邦大計，而是在宦官崔文等人的誘惑下，天天打醮設齋。當時有位叫邵元節的人，是龍虎山上清宮的道士，自稱能求雨求雪，又說能「煉童男、童女溲為秋石，服之延年。」世宗信以為真，賜給玉帶冠服和玉、金、銀、象印各一枚，每年給祿米一百石，贈田地三十頃。並將他封為真人，為他建真人府，撥給四十個校尉，供真人府使用。世宗的做法，引起一批大臣的不滿，兵科給事中高金上疏請求削去邵元節真人的封號，惹惱了世宗，將其下獄進行拷打。無論是誰，只要反對世宗迷信的大臣，都要遭到處罰。世宗這個人非常剛愎自用、專橫暴虐，喜歡聽順風話，因此後來沒有人敢觸犯他的忌諱。

嚴嵩十分善於見風使舵，他在朝中混久了，對世宗的特點了解得一清二楚，於是便想盡辦法加以逢迎。如搞齋醮這類儀式需要念寫給「天神」的奏章表文，要求寫成駢文，而且還要用朱筆寫在青藤紙上，叫做「青詞」。很多大臣都因為青詞寫得好而受寵，於是嚴嵩便開始學做青詞。由於他青年時代便在詩詞文章方面小有成就，因此他很快便掌握了青詞寫作，並且作到了妙處，一點一點取得了世宗的信任。

嘉靖七年（一五二八年），嚴嵩任禮部侍郎，他受世宗之託到湖廣安陸去祭掃興獻王的陵墓。典禮結束之後，他為了迎合世宗的迷信心理，討皇帝高興，費盡心思編造了此次掃墓的奇遇，說：「我到棗陽採碑石，只見群鸛集繞，我們將碑石裝船入漢水時，河水的水位驟然上漲，在祭祀那天，開始是陰雲密布，天下大雨，就在我獻上寶冊及奉安神床時，忽然晴空萬里、光芒四射。這都是祖宗靈明、祥瑞之兆，請聖上命輔臣撰寫碑文刻於石上，以祀上天的眷佑。」

嚴嵩這一招果然奏效，不僅迎合了世宗的迷信心理，也成為世宗為自己父親興獻王爭名分的有力證據，他可以說自己的作法合乎天意。世宗十分高興，把這奏疏反覆看了數遍。世宗高興之餘，也沒讓嚴嵩白費心思，馬上提升他為吏部右侍郎。兩年後又由南京禮部尚書，升為南京吏部尚書兼翰林院學士。官運原本不佳的嚴嵩，轉眼之間成了留都南京最有實權的官員。這使嚴嵩感慨萬千：誠實做人為官，總是居於人下，憑空胡謅一篇主子滿意的東西卻官運亨通。他嘗到了甜頭，也悟到了往上爬的祕訣，於是又寫了一些迎合世宗的《慶雲賦》、《大禮告成頌》之類溜鬚拍馬的文章，更得世宗的寵信。到了嘉靖十八年，嚴嵩已官至北京禮部尚書加太子太保，地位僅次於內閣大臣。但是要進入內閣當上輔臣，也並不是一件簡單的事。嚴嵩清楚地懂得，要當輔臣，僅僅得到皇帝的恩寵還不夠，還必須得到皇帝身邊權臣的推薦提攜才行。於是嚴嵩在野心的驅使下，開始了由巴結夏言到後來打擊取代他的權力爭鬥。

夏言，字公謹，號桂洲，江西貴溪人，與嚴嵩算是同鄉。他比嚴嵩小兩歲，中進士也比嚴嵩晚十幾年。但他機敏精明，善體聖意，而得官運亨通。嘉靖七年，世宗認為：「天地合祀非禮」，想分天地合祀為二祀。於是下詔，在郊外分建天壇、地壇以祭天地，並讓內閣進行審議。

因為這禮樂制度上的改革，使一些大臣一下子轉不過彎來，當時連大學士張孚敬都猶豫不敢發表意見，其他大臣更是訥不敢言。世宗做了占卜也不吉利，就想將此事作罷。夏言那時還只是吏科給事中這樣一個七品小官，但他已窺明世宗的旨意，便連夜上奏疏道：「為社稷興盛計，恭請皇上到南郊行親耕禮，皇后到北郊行親蠶禮，保佑我大明臣民豐衣足食。」他的建議正好符合世宗分建二壇的想法，世宗便命張孚敬擬旨，夏言便借機請分祀天地，支持世宗的改革。夏言的作法使世宗極為滿意，一下子把他連升三級，後又提升為侍讀學士充纂修官。由於他善寫青詞，贊成世宗更定文廟祀典和大禘礼，又升為禮部尚書。到了嘉靖十五年，夏言與霍韜爭權，最後鬥敗霍韜，升任少傅兼太子太保，又兼武英殿大學士人參機務，後成為首輔，權傾朝野。

為了巴結這位炙手可熱的同鄉，嚴嵩真是費盡了心機。為了討好夏言，有一次他特地準備了一席豐盛的家宴，親自到夏府邀請他。但是夏言討厭這嚴嵩的為人，就是托詞不見。嚴嵩十分有耐心，他竟然在夏言的門前攤開席子，拿出請帖，恭恭敬敬地跪讀起來。夏言看他對自己如此恭敬，十分感動，於是不再懷疑他對自己的忠誠。但是嚴嵩已然懷恨在心，時時在找機會算計他。

一次，夏言和嚴嵩等一干官員隨世宗謁顯陵，這是世宗父親興獻王的陵寢。進謁完畢，嚴嵩揣摩世宗的心情，請詔令群臣表賀。夏言心裡有些不高興，他覺得皇上出來已經一個多月了，應先回京城，再表賀也不遲，便說出了自己的想法，使皇上心裡很不高興。這嚴嵩看出了世宗的不快，於是堅決請求皇帝下詔表賀。嚴嵩的請求正合世宗心意，因此世宗開始對夏言不滿起來。

嚴嵩似乎感覺出夏言的首輔地位在動搖，於是便暗中加緊活動，找到夏言的死對頭郭勛，合謀整垮夏言。

郭勛是將門之後，尤其在「大禮議」之爭中，受到世宗寵信，進封翊國公，加官太師。他與夏言的緊張關係，朝中上下無人不知。受嚴嵩的挑唆，他便在世宗面前大進讒言。說夏言獨攬大權，藐視朝臣等等。

此時世宗正在生夏言拒絕表賀的氣，郭勛的話更是火上澆油。便下了一道御旨，命禮部追回賞給夏言的銀章和手敕，削掉夏言的少師勛階，以少保尚書大學士的身分致仕還鄉。過幾天後，世宗怒氣消了，又恢復了他的官職。但從此之後，夏言的地位便不穩了。

後來郭勛因受言官重劾，被刑部處死。郭勛死後，世宗曾直接下令選定嚴嵩入閣，但在大臣會議討論時，夏言指責他過於柔媚順從，難當一國之大器，同時又說他私心太重，難以秉公持正。嚴嵩知道夏言從中作梗主要是怕自己取而代之，雖然以往夏言曾提攜過自己，如能留任京師，全在夏言之功。但眼下阻止自己入閣，使自己被攔在最高權力之外的也是他，怒火在嚴嵩心中燃燒，從前夏言對他的種種好處已全部燒掉，剩下的便全是仇恨。但嚴嵩表面卻不露聲色，照舊逢迎巴結他，但背地裡卻加緊活動，尋找機會要搞掉他，也許這就是嚴嵩的陰險之處。

嘉靖二十一年，世宗在西苑設齋打醮，興致很高，便將自己戴的一種叫香葉巾的道士帽仿制五頂，分賜給夏言、嚴嵩等大臣，讓他們戴。並準他們在西苑中乘馬。

嚴嵩在朝見時，為了討皇上的歡心，特意戴上香葉巾，還在外面罩了一方輕紗，世宗非常高興。就在此時，一份夏言的奏疏送到，他說香葉巾「非人臣所應戴之物，有違祖制，請陛下諒解臣下拒賞之罪。另外，西苑乃皇家禁苑，人臣乘馬於禮未安，微臣只敢乘腰輿。」看了夏言的奏疏，世宗不覺心頭火起，連同平時的積怨也一同勾起。第二天本該由夏言入值，皇上卻將詔書下到嚴嵩處。夏言心裡有些緊張，在慌亂中想求嚴嵩幫自己想點辦法，他忙派人到嚴府中請嚴嵩，哪知派出去的人回來報告說，嚴嵩到道士陶仲文那裡去了，並說據嚴府門人透露，嚴嵩此時與陶仲文來往很密切。夏言憑著多年的官場經驗，一下子什麼都明白了。他忙叫人研墨，連夜寫了一份彈劾嚴嵩的奏章，準備同嚴嵩鬥一鬥。

由於嚴嵩與陶仲文相勾結，在皇上面前反覆進夏言的讒言，使世宗皇帝對夏言更加不滿意。因此夏言的奏章送到時，皇帝並不是轉刑部查辦，反而把嚴嵩召來，問道：「你做了什麼違法的事，讓夏言上章彈劾？」同時還把奏章拿給他看。

嚴嵩憑直覺，感到皇上是在偏袒他，否則他不會這樣做，於是便跪下哭訴夏言對自己的排擠、誹謗。接著又編造了一些夏言如何看不起世宗，怎樣與世宗做對的謊言。這世宗最忌諱、最不能容忍的便是臣子看不起他，聽了嚴嵩的一番哭訴，不禁勃然大怒，竟把夏言革職。同時，嚴嵩拜武英殿大學士，入值文淵閣，仍兼禮部尚書。嚴嵩終於將首輔夏言搞掉。嚴嵩此時已經六十多歲了，但為了站穩腳跟，他表現得格外精神，工作十分勤勉，朝夕在西苑板房值班，連洗沐休假日也不回去，使世宗贊嘆不已。

夏言被革職後，按照閣臣的資序，由翟鑾出為首輔，嚴嵩仍然在翟鑾之下。於是翟鑾便成了他想當首輔的障礙，嚴嵩當然不會放過他。但是要取代翟鑾也不是件容易事。翟鑾為人和氣，且資歷要比嚴嵩深得多。當年嚴嵩任南京國子監祭酒的時候，翟鑾已經以吏部左侍郎的身分進入了內閣。嚴嵩當首輔的欲望越來越強烈，憑此時在皇帝心中的地位，他根本不把資深的翟鑾看在眼裡。當然，他明白如果不找出翟鑾的毛病，想整掉他的確不容易。

從此嚴嵩把眼睛死盯在翟鑾身上，千方百計找出他的差錯。像嚴嵩這樣的有心人，當然不會沒有收獲。終於，翟鑾出了毛病，嚴嵩的機會來了。嘉靖二十三年，翟鑾的兒子翟汝儉、翟汝孝同時考中進士。翟府上下大慶一番，嚴嵩也親到翟府祝賀。回家後，嚴嵩便將給事中王交、王堯日召到家中，向他們密授機宜。第二天，便有彈劾考官和翟鑾的奏章呈給皇上，這是嚴嵩一手策劃的，使你世宗沒法不信。世宗下詔將翟鑾罷去首輔，削官為民。於是，嚴嵩終於取代翟鑾，成為首輔。

嚴嵩當了首輔之後，獨攬大權，兩位次輔都是由他舉薦，實在是有名無實的擺設。朝中不少大臣對其專權十分不滿，紛紛上疏彈劾他。世宗非常忌諱大臣專權，當他了解情況之後，便對嚴嵩有點不放心。於是在嘉靖二十四年重新把夏言召回內閣，復任首輔。

夏言復出之後，便對嚴嵩的親信進行了清理。他將嚴嵩的死黨許成名、崔木、黃佐等罷免，又將其親信王杲、王暐、孫繼勇等逮捕下獄。所有的批答奏章均不要嚴嵩過問，嚴嵩雖然火冒三丈，但也只能往肚子裡收，不敢公開表示。

夏言此次重返朝廷，看到朝中上下，各要害部位都已被嚴嵩安插了親信死黨，十分惱火，更讓他氣憤的是，嚴嵩父子利用權力貪欲無度，納賄、朘削百姓。夏言已經收到一份彈劾嚴世蕃的奏章，奏章內揭發了嚴世蕃倚仗著父親的權勢，借兼管城建工程之機，大肆收受賄賂、盤剝工匠財產中飽私囊的罪行。

夏言看著奏章，胸中燃起怒火，嚴嵩身為輔臣，其子卻橫行霸道，大開貪汙之門，不嚴加整肅怎麼行。他準備上奏皇上，進行嚴厲處罰。但此事不知怎的卻洩漏出去了，嚴世蕃大驚失色。這嚴嵩為保兒子，便不顧臉皮，親自到夏言府上求情。

嚴嵩把自己名刺遞進去，夏言稱病不見。嚴嵩只好賄賂門人，得進夏言書房。此時夏言躺在床榻上，裝病不起。嚴嵩父子二人長跪請罪，夏言見嚴嵩那滿面愁容，泣不成聲的樣子，不覺動了惻隱之心。把嚴世蕃的材料放下，沒有上報，失去了一次鏟除奸佞的機會，也導致了夏言自己的失敗。

夏言由於整頓吏治之心太切，因此對一些官員的處理有時不當，於是引起了部分大臣的反感，引來了一些議論。甚至連皇上最信任的陸炳，也偶爾在皇上面前說起夏言的過失。其實世宗對夏言和嚴嵩都不是百分之百的放心，便派最親近的兩個太監前去了解情況。夏言沒有把這些太監放在眼裡，沒拿他們當回事。可是到嚴府時，嚴嵩則對他們奉如上賓，拉著他們的手，親熱地迎進府中。臨走時又每人送一錠銀子。可想而知，他們回去向皇帝匯報時，當然是嚴是夏非了。當年夏言和嚴嵩都是因青詞寫得好而受到皇帝寵信，現在世宗只要有齋醮，還是讓他們撰寫青詞。夏言因身體情況不佳，皇上派下的任務常讓幕僚們代筆，自己又不能認真查改，結果讓皇帝很不滿意，有時甚至扔到地上。而嚴嵩卻恰恰相反，每次皇上要寫青詞，他必定用上自己的全部文才，一絲不苟地去寫，反覆修改。尤其他籠絡了一些皇帝身邊的太監，他們把嚴嵩的情況告訴皇上，使世宗很受感動。漸漸地世宗對夏言不滿起來，轉而開始重新寵信嚴嵩。

嚴嵩自夏言復職之後，幾乎沒有過幾天安靜日子。先是自己的親信被一一逐出，接著又是彈劾兒子嚴世蕃，平時自己只是內閣中的牌位，有職無權。現在得到世宗的重新信任，他又開始盤算，怎樣找機會再次搞倒夏言，把失去的權力重新奪回來。

機會往往是等待，或者是尋找，但在你死我活的封建權爭中，機會大多是由人製造的。嚴嵩在等待、尋找均不遇的時候，竟製造了一個機會，把夏言置於死地。

嘉靖二十六年，鑒於蒙古韃靼人經常派兵入侵河套地區，並占領該地區，總督三邊兵部侍郎曾銑提出收復河套的主張。河套地區三面環河，土地肥沃，接近榆林、寧夏、偏頭關等邊鎮，收復該地區有著十分重要的軍事意義，因此這一計劃得到了夏言的極力支持。世宗也早有此大願，但無人敢提出收復河套的計劃，使世宗空有此願。曾銑今天提出這計劃，使世宗十分振奮，他讚道：「俺答據河套為患已久，曾銑提出收復建議，計謀宏遠。」並下令撥散十萬兩銀子作為修邊城及各項開支的費用。

皇帝的支持讓曾銑勇氣更足，他率兵出塞襲擊俺答部，斬敵首級百餘，繳獲牛、馬等九百多頭，取得了很大的勝利，使俺答部不得不向北轉移。世宗聞報十分高興，下詔給曾銑增加一級俸祿，並賞給大批錢財。可是就在此時，災難便悄悄地向夏言和曾銑襲來。

嘉靖二十六年冬季，宮內不慎失火，皇后去世。世宗因信奉道教，便認為這是天降的不祥之兆。嚴嵩抓住了世宗的迷信心理，硬是把這天災同曾銑收復河套的計劃聯繫起來，說這是曾銑「開邊啟釁」的結果。世宗覺得很有道理，便停止了收復河套的計劃，下詔把正在同俺答浴血奮戰的曾銑逮捕下獄。嚴嵩為了置曾銑死罪，便買通了因貪贓枉法被曾銑彈劾的原甘肅總兵仇鸞，誣陷曾銑以前如何掩蓋戰敗情況，克扣士兵軍餉，還無中生有編造說曾銑曾通過夏言的岳父賄賂夏言。結果世宗相信讒言，下詔處死曾銑，又以「雷同誤國」的罪名逮捕夏言。夏言被罷官後，嚴嵩為除掉自己的勁敵，又發動黨羽攻擊誣陷他，最終害死夏言。嚴嵩殺了夏言後，坐上了首輔的寶座。

嚴氏父子竊取了權柄之後，整個朝廷成了嚴氏的家天下。他們結黨營私，貪汙腐敗，賄賂公行。為了壓抑正氣，鉗制輿論，嚴嵩對那些有正義感的大臣進行了殘酷迫害。

嚴嵩重新掌握內閣大權後，就逮捕了曾彈劾他貪汙索賄的巡按御史葉經，並且通過廷杖將其害死。

嘉靖二十七年給事中厲汝進彈劾嚴嵩父子，被貶為典史，不久又削職為民。

嘉靖二十八年給事中沈束上疏指斥嚴嵩誤國，被廷杖後下獄。

凡是敢於揭發嚴嵩罪惡的，不是被罷黜，便是被摧殘至死。最為天下人嫉恨的是他殺害沈練、楊繼盛一事。

沈練是錦衣衛出身，為人豪爽有氣節。他看那嚴嵩横行霸道，專權誤國，無比氣憤，於是上疏指斥，嚴嵩納將帥之賄，攬吏部之權，索撫按之歲例，阻制諫官，擅寵害政十大罪行，要求世宗「去此蠹國害民之賊，以紓國患」。可是世宗此時被嚴嵩所惑，看了奏疏後，不僅不查，反而下詔將沈練廷杖後貶謫保安。沈練到保安後，當地老百姓知他是因為彈劾嚴嵩被貶，對他十分敬重，請他當老師教習鄉中子弟。沈練教他們忠義大節，並且還紮了李林甫、秦檜、嚴嵩三個草人作靶子，同子弟一起練射箭。嚴嵩的密探向他報告後，氣得他咬牙切齒，指使其黨羽捏造罪名將其殺害，他的兩個兒子也同時遇害。

雖然嚴嵩對揭露他的人進行了滅絕人性的鎮壓，但忠正之士是不會因此而屈服的。原兵部員外郎楊繼盛，對嚴嵩父子的奸行早已深惡痛絕，出於為國除害的忠心，憤然上疏彈劾嚴嵩，列嚴嵩十大罪狀與五十奸：嚴嵩以宰相自居，壞祖宗成法；伺世宗之喜怒以恣威福，竊君上之大權；讓嚴世蕃代為票擬，縱子僭竊權柄；子孫無功而官，冒濫朝廷軍功；納賄營私，引用奸臣；戒守將勿擊俺答，誤國家軍機；中傷天下善類，專黜陟之權；賄賂皇帝身邊太監，使之成為嚴嵩的密探；控制通政司，使之成為嚴嵩搞陰謀的機構；與廠衛官員相勾結，使之成為自己的心腹；籠絡言官，使之成為自己的走足；網羅部臣，結成死黨。楊繼盛在奏疏中尖銳地指出：「方今在外之賊是俺答，在內之賊是嚴嵩。必先除內賊然後外賊可除。」奏疏送出後，嚴嵩竟唆弄世宗將楊繼盛下獄。楊繼盛在獄中被關了三年，世宗本來不想殺他，但嚴嵩擔心如不除掉此人，必為後患，於是又進一步誣陷，把他殺害。

嚴嵩壞事做絕，必有報應。他作惡多端，不斷遭到彈劾。再加上已到八十歲高齡，精力日衰，世宗漸漸對他有些疏遠了，禮部尚書兼東學閣大學士徐階開始得到世宗信任。許多正直的大臣們感到嚴嵩一日不除，國中一日不寧。一天，刑部給事中吳時來、刑部主事張翀、董傳策同時上疏彈劾嚴嵩。他們在奏疏中列舉了大量嚴嵩專權害政的罪行，請求世宗立即除去嚴氏父子。嚴嵩知道吳時來、張翀是徐階的學生，而董傳策是徐階的同鄉，因此懷疑他們是受了徐階的主使。為了把徐階的勢頭打下去，他密使爪牙將吳時來、董傳策下到獄中。但是在獄中吳時來等守口如瓶，只說這是「高廟神靈教臣等為此言」，世宗是迷信神靈的，他聽了之後不覺對嚴嵩有些懷疑。嚴嵩既然沒抓到什麼把柄，徐階便上本彈劾嚴嵩對大臣挾私報復，這更增加了世宗對嚴嵩的惡感。

沒過多久，嚴嵩的妻子病故。按照禮制，嚴世蕃作為兒子應護喪歸鄉，守孝三年。因為嚴嵩此時已老眼昏花，根本不能工作。明朝規定，凡是朝中的重要文件，必須由內閣首輔大臣事先擬好後，寫在票簽上，再呈送皇帝審批。而嚴嵩此時只能靠兒子嚴世蕃入內閣值房，代其「票擬」。如果兒子一走，自己便無法控制朝中的事情，甚至皇帝會馬上讓他致仕還鄉。為了保住權力，嚴嵩不得不厚著臉皮上疏請求讓孫子護喪回鄉，留嚴世蕃在京。世宗也沒薄他的面子，便同意了他的請求。按規定，嚴世蕃正在居喪期間，是無法進內閣值房代父票擬。嚴世蕃名義上在京師守喪，實際上卻終日在家與姬妾淫樂。有一次嚴嵩正在西苑值班，有聖旨下來問事，嚴嵩已經眼力不濟，反應遲鈍，好半天看清了文字，卻弄不明白皇上的意思，不知如何作答，急得忙叫太監去問嚴世蕃。而此時嚴世蕃正在同諸妾淫樂。嚴嵩沒有辦法，只有硬著頭皮自己幹，但所擬之詞，卻往往詞不達意。於是世宗對嚴嵩的不滿漸漸加深，產生了讓嚴嵩退休的想法。

不久，萬壽宮失火，世宗忙召集大臣商量想新建一所宮殿。嚴嵩由於年齡和精力方面的問題，不想再興土木，他建議世宗搬到南城離宮去住。這離宮是英宗失去帝位、當太上皇時幽禁的地方，世宗因此對嚴嵩的建議非常不滿。徐階已感到皇上的情緒變化，他知道只有迎合皇上的喜好，才能更加取得皇上的寵信，也就能最終戰勝嚴嵩。當世宗問及徐階時，徐階建議重修永壽宮，並談了一些施工上的問題。他的建議恰好合乎喜歡鋪張的世宗心理，所以世宗非常高興，並令徐階的兒子徐璠負責這項工程。

三個月後，一座豪華氣派、富麗堂皇的新萬壽宮便修建好了，世宗高興極了，連聲誇獎徐階父子的才幹。同時把徐階提升為少師，又破格將徐璠提升為太常少卿。從此之後，世宗更加信任徐階，凡是軍國大事都不讓嚴嵩過問了，徐階幾乎壟斷了皇上所有的詔書和奏章的批答，嚴嵩再次成了內閣中的擺設。

有一次世宗問道士藍道行：「方今天下為什麼不太平？」藍道行不覺渾身一震，他知道世宗此時對嚴嵩已經不那麼信任了，於是便做起「法」來，在沙盤上寫下了四句話：「高山番草，世臣閣老。日月無光，天地顛倒。」世宗對這些東西堅信不疑，又問：「如果這樣，那麼上仙為什麼不除掉他們？」藍道行又用乩仙之筆寫道：「留待皇上正法。」世宗沉思著，沒再說什麼。

御史鄒應龍從太監那裡得到這一消息，心中狂跳不止，他感到鏟除嚴氏父子的機會來了。他對嚴嵩殘害朝臣，早就義憤填膺，尤其是楊繼盛的慘死，更讓他怒不可遏。但是嚴嵩在朝中的勢力太大，那些上奏彈劾嚴嵩的人，不是被殺就是被貶，他只好強壓怒火，尋找機會彈劾嚴嵩。他經過反覆思考，終於想出一個好的計策，就是先彈劾嚴世蕃，只要他倒了，那嚴嵩自然就站不穩。於是，鄒應龍奮筆疾書，在奏章中揭露嚴世蕃大逆不道，在為其母守喪期間，終日與姬妾淫樂，同時也把嚴氏家族中的種種罪惡數列出來。其實世宗對嚴世蕃在居喪期間與諸妾淫樂的事早有耳聞，但沒有人上疏確指，不好斷定。如今鄒應龍的奏章歷數得明明白白，世宗不禁龍顏大怒。世宗皇帝歷來以孝著稱，為母居喪竟然聚妾淫樂，這是世宗所不能容忍的。這種不忠不孝之人，如果不嚴加處罰，何以正風紀。於是世宗召徐階來議這件事。

徐階入宮覲見世宗，聽了世宗說的一番話後，徐階既緊張又興奮。徐階此時已明確了世宗的意圖，便對世宗說：嚴世蕃的確大逆不道，多行不法，請皇上懲治他。天下的人都會感念皇上的英明。世宗隨即降旨，命嚴嵩立即致仕還鄉，嚴世蕃交由大理院拘訊。嚴嵩自知已經老眼昏花，無望再有作為。但他把希望放在兒子身上，儘管此子不爭氣，但嚴嵩的心不死。忙上疏世宗，請求饒恕嚴世蕃。世宗沒有理睬。結果嚴世蕃和他的兒子及門客羅龍文被判發配戍邊，接著又將嚴嵩的黨羽嚴年等人下獄。

嚴嵩此時已經八十三歲了，離開京師後，他越想越覺得憋氣，他也知道自己輸在徐階之手。如果把那個裝神弄鬼的藍道行整垮，然後讓他牽扯徐階，是否可以把徐階搞掉呢？嚴嵩覺得這一招可以試試，忙派餘黨密切注意京師的動靜，打探各種消息。在他認為時機成熟的時候，便孤注一擲，用重金買通了世宗身邊的人，由他們羅織藍道行的罪名，將其逮到刑部嚴訊，讓他交待同徐階的一些瓜葛。但是嚴嵩的算盤打錯了，這藍道行也是極有心計之人。

他十分清楚，如果牽連徐階而把他整倒，自己也就是重罪；如果不牽扯徐階，即使徐階不能援救，也可以自保。於是堅決不承認，沒辦法也只好放了他。

嚴嵩回到家鄉分宜不久，嚴世蕃便回來了。他原被判流放到雷州，在往貶所去的途中，他讓親信死黨用重金賄賂押解他的差使，逃回了家鄉。他竟沒有半點收斂，如同正常致仕一樣，開始建造園林臺閣，並且招募了三千多家丁，稱霸鄉里。

嚴世蕃的這些舉動，早有人傳到京師，御史林潤便同其他言官一起上疏揭發嚴氏父子的罪行。林潤曾經彈劾過鄢懋卿，一直擔心嚴氏父子的報復，想這次一下子治嚴氏父子於死地，於是把他們從前殺害楊繼盛等人的事情統統寫在奏章內。當時徐階主管刑部事務，表到刑部後，他看著此章搖了搖頭。徐階應該說是嚴氏的對頭，無論從爭權奪利的角度，還是從封建朝廷方面考慮，他都想借此機會置嚴世蕃於死地。但是林潤等人的奏章中所列諸事，非但治不死嚴世蕃，弄不好還會將他開脫出來。他忙找來林潤，問道：「你們希望怎樣處置嚴世蕃？」林潤答道；「治他死罪」。徐階指點他們說：「楊繼盛和沈練的案子，是嚴嵩騙得世宗同意後定的案，如果把此案說成冤案，那不是指責皇上的錯嗎？弄不好反而救了他，害了你們自己。」接著徐階指出林潤等人奏章的重點，應放在嚴世蕃私逃回家，招兵買馬，勾結倭寇，圖謀不軌等等方面。奏章改完之後便命人火速抄畢遞上，世宗降旨捉拿嚴世蕃。終於嚴世蕃被判死刑，嚴嵩和兩個孫子被削職為民，抄沒嚴氏家產。

時年八十六歲的嚴嵩，財產被抄沒，房子被充公，他的兩個孫子也外出謀生了。此時的嚴嵩真正成了孤家寡人。白天他拄根棍沿街乞討，夜間他借宿在看墓人的草棚裡，度著淒苦的晚年。因為他得勢時欺壓鄉鄰，所以沒有一個人願意幫他。

在一個寒冷的夜晚，嚴嵩死在野外的一片墓地旁。一代權奸，就這樣默默地離開了人世。

權爭於朝，盛年致仕

高拱字肅卿，河南新鄭人。飽讀詩書，很有經國濟世之才。嘉靖二十年（一五四一年）考中進士，並被選為庶吉士，第二年被授編修。嘉靖三十一年，他又擔任了裕王朱載垕的侍講，朱載垕即是後來的隆慶皇帝。高拱在裕王府九年，深得裕王敬重。雖然當時嘉靖皇帝諱言立儲之事，但人們都預料裕王很有可能繼承皇位，作為裕王的老師，自然讓人刮目相看了。就是當朝的宰相嚴嵩、徐階對他都得高看一眼，格外提攜。因此，高拱可謂少年得志，青雲直上。開始時拜太常卿掌國子監祭酒，接著任禮部左侍郎、吏部左侍郎、禮部尚書，嘉靖四十五年任文淵閣大學士，後又被選入內閣。隆慶皇帝登基後，高拱又進為少保兼太子太保。不久便與內閣首輔徐階產生矛盾，二人從此便展開了明爭暗鬥。

當時在內閣擔任首輔的徐階，可謂官場爭鬥中的老手，連有名的權奸嚴嵩都敗在他的手下，何況年輕的高拱。徐階是江蘇華亭人，少有大志，自幼苦讀，二十一歲便高中了嘉靖二年一甲第三名探花，即授翰林院編修，但他入閣卻是三十年以後的事。也許正是由於他在閣外任官多年，閱歷極為豐富，因此遇事能夠從容應付，遇險而不失陷。徐階入閣之時，首輔是嚴嵩，次輔是李本，他排名第三位。嚴嵩是專權的行家，看著這位才華橫溢的後生，十分忌憚，怕徐階奪了自己首輔之位，千方百計加害於他。但徐階從容應付，一一化解。加上嘉靖皇帝信奉道教，徐階才思敏捷，「青詞」寫得很讓嘉靖皇帝滿意，反而聲譽一天比一天高，且越來越受到皇帝寵信，到後來連嚴嵩也不得不巴結他。徐階畢竟是位成熟的政治家，沒有被嚴嵩的哀乞所動，最後一舉把嚴嵩逐出內閣。

徐階入主內閣首輔後，深知官場險惡，今天是首輔，明天可能就是階下囚。因此他進而思退，想找一位心地純正的人入閣輔助自己，待自己退休後也不會難為自己。他首先選中了李春芳，此人是嘉靖二十六年狀元，為人機智而平和，有才幹而不爭權位。同時，徐階還相中了做侍講的高拱，因為裕王雖然還沒有被立為皇太子，但繼皇位者一定是他，當然高拱無疑也會入閣。徐階薦高拱入閣的目的，當然是想讓他抱有知遇之情，將來不會成為權爭的敵手。

然而高拱為人十分高傲，自己認為做了多年裕王的講官，入閣是理所當然的事，根本就不領徐階引薦這個情。他不僅對徐階的一些做法表示不滿，而且還常以裕邸舊臣的身分與徐階相抗，倆人之間的關係竟勢如水火。

高拱的所作所為，使徐階大感失望。他甚至想將來自己致仕後，即便李春芳接替首輔的職位，恐怕決難是高拱的敵手，因此必須另選一位剛勇果敢之人，進入內閣，以抵制高拱將來可能會有的報復行為。他選中的人是一直在做高拱副手的張居正。在徐階的印象裡，雖然張居正一直處於高拱之下，但無論氣度和智慧都高於他。徐階是一位十分有遠慮的人，早在嘉靖四十三年，便推薦張居正擔任了裕王的講官，而且他早已憑才華和學識贏得了裕王的信任。因此，在張居正未入閣前，很多軍國大事都找他商討。尤其在為嘉靖皇帝起草遺詔時，徐階單獨約了張居正來商量，這使心高氣傲的高拱十分不滿。另外，徐階仿效楊廷和的作法，以世宗遺詔的名義，將嘉靖朝中的弊政加以革除，如齋醮、土木、求珠寶、營織作等都停止了。為一些在嘉靖朝因進言而獲罪的大臣平反，赦免並啟用了海瑞、吳時來等三十三人，同時免除了嘉靖四十三年以前全國拖欠的田賦，減免次年的一半田賦。這一切更使高拱感到難以接受，他認為這是利用起草遺詔的機會，刁買人心。因此他與徐階的矛盾更加激化。

裕王即位後改元隆慶，徐階引張居正入閣，同時入閣的還有陳以勤。此時內閣首輔是徐階，次輔是李春芳，第三位是郭樸，高拱位列第四。高拱同郭樸是河南老鄉，倆人都與徐階有矛盾。陳以勤是在第五位，但他為人忠正，不介入任何一派。第六位是張居正，他多年與高拱共事，相交很好，但又是徐階的門生，尤其在徐階找張居正草詔之後，高拱便遷怒於張居正了。整個內閣成員之間關係錯綜復雜，門戶之爭已經形成，徐階、高拱各自唆使自己親近的言官攻擊對方。

首先是吏部給事中胡應嘉上疏彈劾高拱，說在世宗病重自時候，高拱不在值廬裡值班，偷偷回去搬家。雖然世宗沒表示什麼，但高拱覺得胡應嘉是徐階的同鄉，肯定是徐階指使他這麼做的。他認為胡應嘉一定是徐階的心腹，便決定加以報復。隆慶元年胡應嘉又彈劾吏部尚書楊博，說他在主持京察時挾私憤、庇鄉里。高拱和郭樸抓住他作為吏科給事中事前沒有提出異議，事後提出彈劾這一點大做文章。

郭樸在內閣會議上首先發言說：「胡應嘉出爾反爾，全不是人臣事君之所為，應當革職。」他的話音未落，高拱便馬上附和：「應當革職為民。」

徐階心裡雖然想幫胡應嘉，但此事穆宗已經有了傾向性的意見，他實在不好再說什麼，胡應嘉只有被革職了。後來徐階擬旨調胡應嘉為建寧推官，減輕了對他的處罰。

但事情並沒有就此了結，兵科給事中歐陽一敬上疏彈劾高拱專權霸道，與蔡京沒什麼兩樣。接著給事中辛自修、御史郝傑等紛紛上疏彈劾高拱，言辭十分激烈，有的甚至指責他「威制朝紳，專柄擅國，亟宜罷」。高拱一邊答辯，一邊希望徐階擬旨對言官們進行廷杖。徐階當然不會這麼做，高拱於是便指使手下的御史齊康，對徐階提出彈劾。然而這次彈劾惹怒了眾言官，他們聯手對齊康進行了圍攻。結果使高拱成了眾矢之的，給人很惡劣的印象。高拱在言官們的攻擊下，於隆慶元年五月致仕。不久，郭樸覺得在內閣裡實在無立足之地，也致仕回鄉。徐階在這次權爭中取得了勝利。

但是樹欲靜而風不止，徐階雖然趕走了高拱和郭樸，但是他在一些事情上也觸怒了穆宗。再說高拱雖然離開了朝廷，但是他畢竟在朝廷中供職多年，他的影響還在，也還有一些較親近的人在朝中。隆慶二年七月，戶部給事中張齊彈劾徐階，指責他在嘉靖時期，一貫曲意逢迎世宗和嚴嵩父子，只為自保，有虧大節，不配做首輔。穆宗一直懷念高拱，便趁此機會讓徐階告老還鄉。

徐階結束了十七年大學士、七年首輔的政治生活，就要回江南故鄉了。但是他除了為朝中今後的前途有點擔心之外，他更擔心自己致仕之後，恐怕有人會對自己進行報復。他的這種擔心是有根據的，當徐階在朝中任首輔時，他的三個兒子，借父親的權勢作威作福，橫行鄉里。尤其親戚陸家的大人死了，孩子尚小，他們便把陸家的萬貫家產弄到徐家，這在北京朝中，也都是盡人皆知的。如果有人追查起來，那也是不小的麻煩，因此不能不多加小心。臨走時，徐階把家事國事都托付給了張居正，此時他只能信賴他了。因為不僅張居正是自己一手提拔的人，而且他的才能、為人，都足以擔當起這一切。張居正向他表示：「大丈夫既以身許國、許知己，惟鞠躬盡瘁而已，他復何言。」

徐階離任後，由李春芳代為首輔，但他只是個和事老，無所作為。

隆慶三年十二月，曾被徐階排擠出內閣的高拱終於被召回了，此次他是內閣大學士兼掌吏部事，這在明代還是不多見的。此次東山再起，他在內閣中位居次輔。但李春芳只是一個牌位，根本發揮不了什麼作用，甚至可以說高拱根本沒有感覺到他的存在，一切事情都是按照高拱的意思去辦。此時的高拱更加無所顧忌，從前有徐階壓著，辦事情還稍稍琢磨一下，現在不同了，雖是次輔，但內閣中也只有他說了算。

高拱是個氣量很小的人，他的報復心理極強。此次復任，他便千方百計去尋找徐階的過錯和失誤，他不但把徐階過去的一切全否定了，並且通過各種手段去羅織徐階的罪狀，他不僅要報以前的仇，而且要把徐階澈底除掉。因為他也知道，徐階的存在對他來說終究是個威脅。此時高拱集閣臣與家宰於一身，大權在握，他經過周密策劃，要讓徐階永世不得翻身。在朝中，他不斷地唆使言官，要他們加緊彈劾徐階，同時他也掌握了一些關於徐階兒子在鄉間的不法行為，他抓住這個把柄，指使從前在徐階家鄉做知府，和徐家有仇的人，聯合控告，把徐階的兩個兒子定了遣戍的罪行。

此時能為徐階說話的人只有張居正了，他對高拱的所作所為十分反感，尤其想到徐階臨行前對自己的囑托，更感到不能不站出來說話了。他小心翼翼地對高拱進行勸解，可是突然有人造謠，說張居正接受了徐家三萬兩銀子，因此才這麼賣力替徐家辯白。高拱這個人似乎沒有城府，或許是過於高傲，他聽了這些謠傳後，不冷靜地加以分析，或者進行一番調查，他馬上找到張居正，當面對他進行諷刺，張居正有口難辯，只好指天發誓，沒有這回事。但是高拱並不相信，於是倆人的裂痕便加大了。

更令張居正難堪的是，高拱對徐階和張居正起草的遺詔進行了全面否定。高拱為了擴大自己的勢力，開始對自己的政敵進行清洗。張居正雖然感到威脅，但卻不想放棄。陳以勤第一個放棄了政權，於隆慶四年致仕回鄉。

接著高拱開始對言官進行報復，因為他前次的去職，的確敗在言官手中。現在他大權在握，提出要考察言官。這樣便同兼管都察院的趙貞吉展開了衝突。高拱極力斥逐趙貞吉左右，趙貞吉也寸步不讓，對高拱的親信，也一概斥逐。雙方僵持不下，結果凡是與他們有關的言官都被保了下來。而徐階的門生廣東巡撫右僉都御史吳時來卻被貶斥了，張居正的朋友大理寺右丞耿定被貶斥了，御史高傑因曾彈劾高拱，自然也留不住了。此時張居正心裡不禁感到不安起來。但眼下高拱首先要對付的是趙貞吉，他指使韓楫彈劾趙貞吉平庸而專橫，在考察言官中挾私結黨。趙貞吉於是上疏進行反擊：「臣自掌院務僅以考察一事，與拱相左；其他壞亂選法，縱肆作奸，昭然耳目者，臣噤口不能一言，有負任使，臣真庸臣也。若拱者，斯可謂橫也已，臣放歸之後，幸仍還拱內閣，毋令久專大權，廣樹眾黨。」趙貞吉已經感到高拱在朝中的勢力太大，只有自己一走了之了。

內閣首輔李春芳，看到高拱的所為十分寒心，他無心也無力爭權。但他即使不言不語，高拱也不會容他，他早已看到了這一點，於是上疏請求致仕還鄉，但是穆宗執意要留。高拱見穆宗對李春芳頗有好感，便指使南京給事中王禎又提出彈劾，穆宗只好讓他告老還鄉。張居正的地位更加艱難，他十分小心，不露聲色，在險境中慢慢地挪著步子。

隆慶五年的冬天，由於殷士儋的入閣，使內閣中又掀起一次風浪。

殷士儋，歷城人，和張居正是同年進士，隆慶二年任禮部尚書。他也曾任裕邸講官，於是便想通過高拱幫忙進入內閣。但是高拱已經相中翰林學士張四維，再說張四維為人比較隨和，不像士儋那麼倔強，因此沒理睬殷士儋。殷士儋非但沒有放棄自己的追求，而且通過內監陳洪的幫助，由穆宗特批入了內閣，因此便和高拱形成了水火之勢。就在高拱正準備提張四維的時候，恰好有言官參了張四維一本，高拱自然把帳算到了殷士儋頭上。高拱此時手下有的是言官，他開始調動言官們對殷士儋進行圍剿。御史趙應能立即彈劾殷士儋是走內監陳洪的門子得以進內閣，不可以參與國政。殷士儋也上本進行反擊，高拱便唆使給事中韓楫出馬，對殷士儋進行威脅。殷士儋開始動怒了，在每月初一、十五言官與內閣成員見面會上，殷士儋與韓楫相見，他對韓楫說：「聽說你對我不滿意，這沒關係，但犯不上讓人利用。」

高拱在一邊聽了很惱火，氣憤地說：「這算什麼體統。」

高拱的一句話，立即引得殷士儋火冒三丈，他衝上前去指著高拱破口大罵：

「你算什麼體統，驅逐陳閣老的是你，趕走趙閣老的是你，斥逐李閣老的也是你。現在你要提拔張四維，又想驅走我，內閣永遠是你一個人的。」

雙方都撩起了袖子，準備以老拳相向。張居正覺得閣臣動武，那真是有失體統了，便要出來勸解，哪知高拱也扯著嗓子大罵起來。

第二天，在高拱的授意下，御史侯居良上疏彈劾殷士儋。此時殷士儋才真正覺得累了，他本想入閣後能夠憑著自己的才能學識幹一番事業，哪裡想高拱為了自己獨霸內閣，竟容不下自己，覺得再待下去也只會互相謾罵，遺人笑柄，再就是高拱心腹們一封又一封彈劾信，乾脆上疏請求告老還鄉，圖個清靜吧。不久殷士儋請求致仕，離開了多事的內閣。

至此，高拱已經把四位大學士擠出了內閣，可見他的權力是相當大的。儘管張居正十分謹小慎微，但高拱手下的那班言官，還是把眼睛盯上了他。

本來張居正與高拱同事多年，相處也十分融洽，但是他們之間的地位太靠近了，於是他們互相都感到了對方的威脅。政治的確是無情的，它不允許有什麼朋友情誼，一切都是由利害構成的。

就在張居正感到岌岌可危的時候，隆慶六年劉奮庸上疏條陳五事，第一是保聖躬，第二是總大權，第三是慎儉德，第四是覽奏章，第五是用忠直。他所奏的這五條其實都是指高拱而言。接著給事中曹大野乾脆直接上疏彈劾高拱十大不忠。這使高拱十分震驚，他慌忙應戰，指揮部下進行反擊。結果劉奮庸和曹大野分別被貶官外放。高拱集團幾乎是戰無不勝，任何一股政治勢力都無濟於事。

但是隆慶六年五月，穆宗皇帝的逝世，整個政局發生了根本性的變化。

在隆慶皇帝彌留之際，為皇太子朱翊鈞選定了三位顧命大臣，他們是大學士高拱、張居正和隆慶六年四月才入閣的高儀。

第二天，乾清宮內傳出隆慶皇帝駕崩的消息，三位顧命大臣悲痛欲絕。就在當天午時，宮內傳出遺詔，命馮保掌司禮監印。高拱敏感地感到了事態的嚴重，任命馮保為司禮太監的聖旨，為什麼會在隆慶皇帝駕崩後二個小時下呢？高拱越想越不對勁，他忽然想起一件事情。有一天，他和張居正一起被召至恭默室探視，看見張居正手下的一位叫姚曠的差役，拿著一件密封的紅紙套，從身邊跑過，問他往哪送，他說送給馮公公。莫非是張居正與馮保勾結？滿腹的疑團怎麼也解不開。雖然他懷疑，但又一想，張居正這幾年對自己附首貼耳，量他也不敢做什麼手腳。

頒發遺詔的那天，簡直讓高拱目瞪口呆，遺詔上介紹了太子如何仁孝聰明，宜接帝位，要求文武大臣同心協力，輔佐少主，還提出小皇帝要聽從閣臣和司禮監的輔導。高拱更加懷疑，在顧命詔書中怎麼能提到司禮太監？更嚴重的是馮保一日之間不僅由東廠提督太監升兼司禮掌印太監，又成了顧命大臣。遺詔一頒布，當然也就成了事實。

高拱與馮保一向不睦，當初司禮太監空缺，按照資歷應該排到馮保擔任，可是高拱卻推薦了太監陳洪，馮保對高拱的不公平表示不滿。後來陳洪因事被罷去司禮太監一職，可是高拱又推薦太監孟沖擔任，所以馮保十分痛恨高拱。

高拱也明白自己曾得罪過馮保，而且今天還在記恨自己。但是作為一個政壇的老鬥士，他已戰勝了幾位元老，根本沒把馮保看在眼裡，他準備同馮保較量一番。

首先，他想到要限制司禮太監的權力，防止他假傳聖旨。於是在朱翊鈞即位第三天，便上了一道奏章，主要有五項內容：一是皇上要堅持御門聽政，二是所有奏章要先傳內閣票擬，三是大臣有事必須當面奏請，四是內批御旨不可徑直下發，五是所有章奏都不能留中。

第二天高拱的奏章下發了，上邊的御批是「知道了，照舊制行」。他的意見被駁回了。此時高拱已明白，有人在操縱小皇帝。不禁感嘆一聲：「難道十歲的天子就能親自裁處國政嗎？」

高拱發現馮保在專權，這是他所不能容忍的。於是高拱開始調兵遣將，讓自己的門生上疏彈劾馮保。

首先是六科給事中程文先上一本，接著禮科給事中陸樹德上奏：「先帝甫崩，忽傳馮保掌司禮監。果先帝意，何不傳示數日前，乃在彌留後？果陛下意，則哀痛方深，萬幾未御，何暇念中宮？」這裡分明是在指責馮保矯詔。

在神宗坐朝的時候，馮保站在御坐旁邊，於是高拱的門生雒遵又上一本：「保一侍之僕，乃敢立天子寶座。文武群臣拜天子邪？抑拜中官邪？欺陛下幼衝，無禮至此。」

先後有七本彈劾馮保的奏章在同一天上達，高拱明白奏章上去了，皇上便會發交內閣擬旨，權柄在自己手裡，憑你一個馮保會有什麼辦法。

馮保的確有些不知所措，他哪裡見過這陣勢，他急忙派人去找張居正，讓他幫助出謀劃策。張居正此時也緊張到了極點，但他畢竟經歷得太多，能夠找到擊倒對手的要害。那天高拱在內閣接到御批奏疏時說：「難道十歲的天子就能親自裁處國政嗎？」這句話只要稍加改動，即可擊倒高拱。

馮保馬上心領神會，他走進後宮時，看到兩位后妃和朱翊鈞都在，便問他們說：「高先生說『十歲的孩子，怎麼做皇帝啊？』這是什麼意思？」

「這是什麼意思？」兩位后妃和小皇帝都在沉思，忽然他們一下子反應過來，不覺大驚失色。他們急忙請這位司禮太監想辦法。馮保於是便將張居正的計劃說了一遍。

第二天一大早，升朝的鐘鼓已經敲響，神宗召集大臣到會極門。這天高拱值班，他起得比往常更早一些，一邊走還在一邊想，只要皇上的奏疏發下來，他馬上票擬驅逐馮保。張居正這幾天正請病假，沒有去。高拱向前一看，在少年皇帝旁邊，站著的正是馮保，突然間，高拱感到大事不好。接著由馮保傳皇后皇貴妃和皇帝的諭旨：

「告爾內閣五府六部諸臣：大行皇帝賓天先一日，召內閣三臣御榻前，同我母子三人，親受遺囑曰：『東宮年少，賴爾輔導。』大學士拱攬權擅政，奪威福自專，通不許皇帝主管，我母子日夕驚懼。便令回籍閑住，不許停留。爾等大臣，受國厚恩，如何阿附權臣，蔑視幼主！自今宜洗滌忠報，有蹈往轍，典刑處之。」

高拱被這突如其來的打擊弄得昏頭轉向，他感到太不可思議了，他趴在地上，幾乎昏了過去。好不容易被人攙扶才出了皇極門，第二天雇了一輛馬車，與家人回河南老家去了。

雖然高拱的人走了，但是這場權爭卻沒有結束。

萬歷十九年正月十九日，萬歷皇帝朱翊鈞照例上朝。剛走出乾清門，只見一位穿太監服的人慌忙跑開。皇帝身邊的侍從衝上去將那人捉住，經審問，此人供說：他叫王大臣，廣西人，曾到總兵戚繼光轄下的三屯營投軍，沒被接收，便來到京城。這次是偷了服裝進宮看看，不想驚了皇上。

張居正聽到這事，十分吃驚。他趕忙派人找來馮保，商討一個能救戚繼光的辦法。張居正提出，是否可以借此機會除去政敵高拱。因為在剛剛結束的那場政爭中，張居正一直處於逆境，雖然他城府太深，沒有遭到正面衝擊，可是每當想到高拱那盛氣凌人的樣子，自己的心裡都不免有些發抖。如果不是穆宗駕崩，突有變故，那麼如今告老還鄉的恐怕是張居正而不是高拱。再說高拱現在雖然在家鄉，可是他在朝中仍有不小的勢力，如果再有個風吹草動，他重新回到朝中，可能就不是回鄉的事情了。

馮保對高拱可以說是有滿腔仇恨，他早有加害高拱之意。不過他也恨代替自己為司禮監的前任太監陳洪，最好把他一起下獄，讓王大臣招供，是他們二人在高拱指使下，行刺皇上。

商量妥當之後，馮保便派心腹家奴來到獄中，給王大臣換了一套衣服，並在他的身上放了兩把劍，然後用好酒好菜招待他，並逼他一定要把高拱牽上。就說高拱對朝廷不滿，派他來宮中行刺。如果照此招供，不僅可以免罪，而且可以得到獎賞。那王大臣只好表示願意照他們說的招供。接著，馮保便派人進行搜查，在王大臣身上果然搜出了兵器。他們自編自演了這場戲後，張居正便票擬了一道聖旨：命馮保查辦，於是馮保便派東廠的人到高拱的家鄉去抓人。

此事在京城中鬧得沸沸揚揚，張居正覺得如果得到朝中大臣的支持，可能更好辦一些。於是便找吏部尚書楊博，商量此事的處理辦法，楊博認為高拱不會這麼做。為了阻止張居正再興大獄，楊博還請了自己同年好友葛守禮一道來勸張居正，萬萬不可造此冤案。

後來張居正聽馮保說，萬歷皇帝身邊的老太監，已經把事情點破，也便隨機應變，交刑部、都察院、大理寺三司會審。因為事先馮保給王大臣喝了漆酒，不能說話；便將王大臣處斬，案子也就草草結了。

但是張居正並沒有就此罷休，他還是借機把高拱在朝中的幾個心腹趁機貶謫了。如刑科給事中雒遵，是高拱的心腹大將之一，也被張居正借口給整下去了。

封建統治階級內部的權爭就是如此劇烈，充滿著血腥。雖然高拱和馮保、張居正等人的權爭暫時停止了，但權爭卻還在繼續。

各懷心事，虎狼相爭

在《明史》奸臣傳中，記載了溫體仁和周延儒這樣兩個陌生的名字。其實他們也是飽讀詩書、少有大志之人，父輩也以精忠報國相許。然而權力欲使他們心態失衡，不擇手段，害人誤國，不僅把自己釘在了歷史的恥辱柱上，而且殃及家族和親朋。

溫體仁，字長卿，號園嶠，烏程（今浙江湖州）人。明萬歷二十六年進士，改庶吉士，授編修。其為人陰險狡詐，外表上給人一種謹小慎微的感覺，但內心卻是兇狠毒辣。史書上說他「為人外曲謹而中猛鷙，機深刺骨」。

由於明朝末年黨爭紛起，各種政治派別明爭暗鬥。崇禎皇帝在清除了客氏和魏氏集團之後，為了避免大臣們互相援引，再結黨營私，便於崇禎元年（一六二八年）十一月，下詔吏部會推閣臣。當時任禮部尚書的溫體仁和任禮部右侍郎的周延儒，不覺都躍躍欲試。他們自以為在欽定逆案和幾次政爭中較有聲望的大臣都已不在朝中，作為後起之秀，大有希望被推舉為閣臣。可是會推的結果，令他們大失所望。列名的有吏部左侍郎成基命，禮部右侍郎錢謙益、鄭以偉，尚書李騰芳、孫慎行、何如寵、薛三省、盛以弘，禮部侍郎羅喻義，吏部尚書王永光，左都御史曹于汴等人。這使溫體仁和周延儒感到憤憤不平。甚至連崇禎皇帝對周延儒沒有被列入名單，也產生懷疑，由此可見周延儒的確非同一般。

周延儒，字玉繩，號挹齋，宜興（今江蘇宜興）人，明萬歷四十一年狀元，授編修。天啟年間遷右中允掌司經局事，不久便以少詹事掌南京翰林院。周延儒為人機敏，善於察言觀色，他總是在揣度皇上的旨意，千方百計迎合皇上。崇禎元年冬天，在錦州駐守的部隊中士兵鬧事，統領袁崇煥請求增加軍餉。這事令崇禎皇帝很頭痛，於是便召集大臣們到文華殿議事，問諸大臣怎麼處理這件事。大臣們都請求發給內帑。周延儒認真揣摩之後，認為崇禎帝的意思是不想給，於是便持反對意見說：「邊關從前是防御入侵者的，現在還要防士兵。如果寧遠的士兵鬧事給內帑，錦州的鬧事又給內帑，那麼各地邊防部隊都照著這麼做，哪有那麼多內帑給他們？」崇禎帝正是要聽這種意見，但光反對不行，還要拿出辦法來，忙問道：「你認為應該怎麼辦？」周延儒回答說：「現在事情緊急，不得不給，但要做長久打算。」崇禎帝點頭表示贊同。接著降旨對諸大臣加以斥責。過了幾天皇帝又召見周延儒詢問，周延儒說：「軍餉沒有比糧食更好的了，那裡不缺糧食，而是缺少銀子。為什麼鬧事，一定有隱情，很可能是一些軍卒煽動要挾袁崇煥。」崇禎帝也懷疑是邊將要挾，聽了周延儒也這麼分析，十分高興，從此對他十分看重。剛好大學士劉鴻訓去職，便命會推廷臣，本以為周延儒肯定當選，結果以「望輕置之」。崇禎帝對會推的結果很不滿意，甚至懷疑是否有人做了手腳。其實做手腳的正是溫體仁和周延儒，他們為了排擠東林黨的官員，還花了八萬銀兩買通內廷。周延儒私下籠絡戚畹及東廠的唐文征等人，以備內援。

他們的努力失敗了，錢也投進了水中，總之白忙了一場。此時他們惱羞成怒，如瘋狗一樣亂咬。並且散布說：這次枚卜，都是由錢謙益一手操縱。溫體仁同時上疏彈劾錢謙益在做考官時曾「關節受賄」，不應當選為閣臣。大有你不讓我入選，我也讓你當不成的架勢。確實，錢謙益對周延儒的為人十分鄙視，為阻止其入閣也確實作了不少手腳。官場傾軋，爾虞我詐。但是錢謙益的這次行動，卻為崇禎皇帝懷疑大臣植黨提供了證據。

其實錢兼益做考官時的所謂「關節受賄」已經是六年前的事了。天啟二年錢謙益以翰林院編修，主持浙江鄉試，取錢千秋為舉人。首場考試，文用俚俗語一句，分置七義結尾，是金保之等所偽作關節，被給事中顧其仁參奏。錢謙益當時並未發現，對此他十分害怕，趕緊上疏彈劾金保之等人。錢謙益因「失察」，受到罰俸三個月的處罰。此案早已了結，溫體仁舊事重提，也絕不是空發議論，隨便出出氣就算了事。溫體仁早已揣摩崇禎皇帝的心理，他對周延儒未列名單上有些不滿，且懷疑有人搞小動作，那麼此時彈劾錢謙益「關節受賄，神奸結黨」，正好可以引起崇禎帝的注意，況且錢氏確有搞小動作的把柄在握。「關節受賄」只是引子，而「神奸結黨」才是正題。他也同樣明白，崇禎帝特別憎惡大臣植黨，此次會推閣臣也是為了避免有人結黨，錢謙益這次肯定逃不脫處罰。

正如溫體仁所料定的，他的表奏上達後，崇禎帝還真重視起來。第二天崇禎帝召廷臣科道諸官到文華殿，又命溫體仁和錢謙益同時到場。

錢謙益料想不到溫體仁會彈劾自己，到場後不知說什麼好，因此說起話來支支吾吾。而溫體仁早有準備，他詆毀起錢謙益來口若懸河，他說：「臣職非言官不可言，會推不與宜避嫌不言，但枚卜大典，宗社安危所繫，謙益結黨受賄，舉朝無一人敢言者。臣不忍見皇上孤立於上，是以不得不言。」崇禎帝很早就懷疑朝中大臣結黨，聽了溫體仁的話，覺得有道理。但是大臣們都說錢謙益是無罪的，吏科都給事中章允儒更是奮力相爭。並且質問道：「溫體仁如此抱怨，如果錢謙益應當查辦，為什麼還要等到今天？」

溫體仁也毫不相讓：「在此之前謙益只是個閑職，現在追究是因為朝中用人謹慎，如允儒所說那就是真結黨了。」

崇禎帝大怒，命令禮部把錢千秋的案卷拿來，並斥責謙益。然後輕聲嘆道：「如果不是體仁，我幾乎被他們騙了。」並嚴厲地把大臣們斥責了一頓。

當時大臣們沒有一個人替溫體仁說話，只有周延儒上奏說：「會推閣臣雖說公正，但是主持者只那麼一兩個人，其餘人都不敢說話，說了只有招禍。況且錢千秋的事早有定案，不必再問諸大臣。」

崇禎帝當天就將謙益罷了官，並交於有關部門議罪。同時將章允儒及給事中瞿式耜、御史房可壯等都劃為謙益同黨，俱降級調用。

在崇禎皇帝的曲護下，溫體仁和周延儒在這次爭鬥中取得了小勝。但是他們誰也沒有能因此而入內閣。

政爭是殘酷的，雙方互不相讓，他們緊緊盯住對方，搜尋對方的破綻，並準備隨時出擊將對方擊倒。

不久，御史毛九華上疏彈劾溫體仁在家時，強買商人的木材，被商人控告。但他因為賄賂崔呈秀被免於處罰。

第二年春天，御史任贊化上疏彈劾溫體仁，指責他納娼為妾，收受賄賂，奪人產業等等不法之事。但崇禎帝不僅不進行追查，反而以其「語褻」，把他降一級調外用。

溫體仁接二連三地受到大臣彈劾，心中不免有些驚懼，向皇帝哭訴說：「這都是由於錢謙益的原因，他們排擠我，我在朝中十分孤立，沒有一個人幫助我。」他的話中一語雙關，不僅是向皇帝乞憐，更主要是向皇帝表示我溫體仁沒有同黨。

皇帝還是偏袒他的，於是再次召集內閣大臣及毛九華、任贊化來對質，媪體仁與二位御史唇槍舌劍，不知戰了多少個回合，見自己占不到便宜，便誣陷他們二人都是錢謙益的死黨。

崇禎帝相信了溫體仁的話，為了阻止言官們繼續彈劾溫體仁，皇帝在內殿單獨召見大學士韓爌等人說：「諸臣不憂國，惟挾私相攻，當重繩以法。」可見崇禎帝被溫體仁迷惑到了什麼程度。

溫體仁、周延儒利用崇禎皇帝即位不久，對植黨深惡痛絕的心理，以會推閣臣引起論爭，從中渾水摸魚，結果還真的被他們摸到了。

崇禎二年十二月，崇禎皇帝下特旨，任命周延儒任禮部，尚書兼東閣大學士入內閣，參機務。第二年六月，溫體仁也以禮部尚書兼東閣大學士入閣。他們終於戰勝了對手，坐上了丞相的寶座。儘管你滿朝文武怎樣地驚愕，事實是改變不了的。

不管你用什麼手段取得成功，人們往往是只去迎合成功者，而來不及去細究手段。其實無論做什麼事情，人們總是要有一個預定的打算，也就是採取哪些有效的步驟，如溫體仁彈劾錢謙益，但是如果最終結果是失敗，人們如果回頭去細究那些步驟，便會給他冠上「陰謀」或者更難聽的詞。

政治家往往比較注重這些步驟，因此人們把很多政治家概括為陰謀家。溫體仁和周延儒都是陰謀家，他們為了入閣當丞相而互相勾結，都當上丞相之後，為了當首輔又互相爭鬥。

周延儒入閣也並非一帆風順，會推的十一個人名單上沒有他，崇禎帝雖然懷疑有人操縱，但也沒有辦法。恰好溫體仁對錢謙益的彈劾，促使皇帝「盡罷會推者不用」，否則按資序去排，哪輩子才能排到他。

崇禎帝罷盡會推者之後，周延儒便成了矮子中的高個。崇禎二年三月，皇帝找他密談了相當長的時間，人們預感到他可能入閣，於是反對派又積極行動起來。御史李長春上疏論「獨對之非」，又有位御史彈劾他平生多做不法之事。周延儒在言官的攻擊下，感到有些恐懼，於是上疏請求辭官，皇上堅留不允。言官們見沒有趕走他，便不肯罷休。於是南京的言官也調動起來了，給事中錢允鯨彈劾周延儒與馮契交好，他如果入閣掌權，一定會為逆黨翻案。周延儒倉皇上疏答辯，只有招架之功，沒有還手之力，就在他要堅持不住的時候，皇上救了他，把他扶上了丞相的寶座。

當上了丞相之後，大權在握，此時他開始想到要有幾個幫手，以前他吃夠了沒有幫手之苦。現在不同，權力的大旗下總會聚集起護旗的勇士。當然，他也在物色尋找能夠真正為其出生入死的心腹幹將，這也許就是結黨吧。他此時也需要能幹的人，他想到了曾一同戰鬥過的溫體仁。在他的引薦下，溫體仁進入了內閣。這時首輔去職，他升任首輔。他要做的便是如何保住自己的座位，這已經是人臣之極尊。

溫體仁進入內閣後，似乎對周延儒的「鼎力相助」沒有表示出怎樣的感恩戴德。相反，他倒覺得這首輔的位子應該由自己來坐。他甚至想，如果我溫體仁不冒險與錢謙益一搏，你周延儒現在不也只是個侍郎嗎？但他不露聲色，表面上依然逢迎周延儒，但內心裡當首輔的欲望一天比一天強烈。他私下也在安排自己的黨羽，並且時時刻刻都在尋找機會，在窺視周延儒的破綻，待機會一到便衝上去，將他打倒。

溫體仁的心理，周延儒是猜不到的。他甚至把他作為自己的死黨來看，因為自己畢竟對他有薦引之恩。不能知此知彼，這是周延儒最可悲之處。

不久發生的事情，則成為他終生的教訓。

崇禎四年，周延儒的姻親陳于泰殿試得了第一名；他從私人感情出發，又起用大同巡撫張延拱、登萊巡撫孫元化，當時輿論大噪。另外他的子弟在鄉中橫行霸道，其兄周素儒冒錦衣籍，授千戶，還用家人周文郁為副總兵，受到了言官們的責難。

崇禎五年正月，叛將李九成等攻陷登州，可是周延儒卻對敗軍之將劉宇烈進行庇護。於是給事中孫三傑、馮元飆，御史余應桂、王象雲等十幾位言官紛紛上疏彈劾周延儒。有的還在表章中揭露周延儒接收了巨盜神一魁的賄賂，給事中李春旺乾脆要求周延儒辭官。一時間周延儒成了眾矢之的，而且彈劾的人越來越多，聲勢越來越大。周延儒雖然上疏辯解，但是崇禎帝在心裡直打問號。如果真是平白無辜，為什麼那麼多言官偏偏找他的麻煩？

周延儒處於內外交困、四面楚歌之時，溫體仁早已在密切注視事態的發展。以其善揣帝旨的特長，隱約感到崇禎帝已經對周延儒產生了反感和疑忌。於是他開始私下活動，培植自己的黨羽，以備為爭首輔的寶座所用。不久吏部尚書王永光離職，溫體仁馬上薦舉同鄉閔洪學代之。為了進一步擴大自己的實力，又籠絡御史史埅、高捷及侍郎唐世濟、副都御史張捷等為心腹，對那些反對自己的人橫加打擊，甚至罷其官職。

遺憾的是溫體仁有些操之過急，此時他畢竟還不是首輔，尤其周延儒的勢力還在。很多朝臣對溫體仁的所作所為感到擔心，周延儒的心腹黨羽自然不會讓他如此囂張。很快，兵部員外郎華允誠上疏進行斥責。這可以說是聲討溫體仁的檄文，文中把朝中的一些不良現象歸納為「三大可惜，四大可憂」。第一大可惜是：「當事借皇上剛嚴，而佐以舞文擊斷之術；倚皇上綜合，而騁其訟逋。以聖主圖治之盛心，為諸臣鬥智之捷徑。」是暗指溫體仁在私下搞陰謀詭計。第二大可惜說：「帥屬大僚，驚魂於回奏認罪；封疆重臣，奔命於接本守科。」這實際上是對周延儒攻擊者的指斥。第三可惜說：「廟堂不以人心為憂，政府不以人才為重；

四海漸成土崩瓦解之形，諸臣但有角戶分門之念。意見互畸，議論滋擾，遂使剿撫等於築舍。」這是對溫體仁搜羅黨羽的暗諷。第一可憂指的是法律不明，好壞不分，致使刑罰無威。第二可憂是指言官隨便指斥大臣，致使大臣們為自保而無所作為。第三可憂說士大夫們不顧廉恥，阿諛成風，攀附權貴。在第四大可憂中，他直指溫體仁的所為而斥之：「國家所藉以進賢退不肖者，銓衡也。我朝罷丞相，以用人之權歸之吏部，閣臣不得侵焉。今次輔體仁與冢臣洪學同邑朋比，惟異己之驅除。閣臣兼操吏部之權，吏部惟阿閣臣之意，造門請命，依以為常。黜陟大柄，只供報復之私。甚至庇同鄉，則逆黨公然保舉，而白簡反為罪案。排正類，則講官借題逼逐，而薦剡遂作爰書。欺莫大於此矣，擅莫專於此矣，黨莫固於此矣。遂使威福不移，舉措倒置。」

好一個「三大可惜，四大可憂」，分析透辟，句句忠實。崇禎帝看到奏疏後，懷疑是否背後有人指使，華允誠於是又上疏揭露了很多關於閔洪學營私舞弊的事。並且進一步指出：「體仁生平，紾臂塗顏，廉隅掃地。陛下排眾議而用之。以其悻直寡諧，豈知包藏禍心，陰肆其毒。又有如洪學者為之羽翼，遍植私人，戕盡善類，無一人敢犯其鋒者。」崇禎帝也有所察覺，溫體仁和閔洪學既然是同鄉，可能有些私人感情在其中，但他還是認為溫體仁是忠於朝廷的。因此不但沒有追查溫體仁的罪行，反而下旨罰華允誠半年薪俸。為了遮人耳目，也將閔洪學罷了官。

華允誠的彈劾，並沒有使溫體仁受到致命的打擊，也並沒有削減皇上對他的信任。當然他不能坐以待斃，要主動進攻。於是指使宣府太監王坤彈劾周延儒庇護陳于泰。王坤的表疏招來了言官們的抗議，因為太監參劾首輔屬違例行為，認為是對朝廷的輕視。給事中傅朝佑說：太監不應當彈劾首輔，他這麼做肯定有人指使。副都御史王志道也對王坤加以指責。朝中言官此時議論紛紛，大為不滿。可是這次崇禎皇帝又站在溫體仁那邊，將御史王志道罷官。

溫體仁乘勢又唆使給事中陳贊化彈劾周延儒，說他與武弁李元功相勾結，招搖圖利。同章中還揭發周延儒把崇禎皇帝比為「羲皇上人」，言語悖妄不敬。皇上大怒，詔將李元功下獄治罪，同時追問從哪聽來的。給事中李世祺等紛紛證明確是周延儒所言。周延儒此時真的感到了懼怕，於是請求溫體仁能幫他一把。但是此時溫體仁覺得周延儒大勢已去，便沒有答應。並且私下還把同延儒關係好的人都罷了官，從此周延儒的處境更加艱難。

周延儒失寵於崇禎皇帝，周圍的親信黨羽又一個一個被溫體仁逐出朝，他孤軍一人，戰不能勝，退不能守，只好於崇禎六年六月，主動要求致仕。溫體仁順理成章地當上了首輔。崇禎帝對其也是恩寵有加。

溫體仁終於擠掉周延儒，他通過玩弄手段，騙取了崇禎帝的信任。如今大權在握，便竭力樹植親信黨羽，打擊、排擠異己。他還是那麼一副彬彬有禮的樣子，就是在殺人的時候，也絕不露出兇相。這一點頗像唐朝的李林甫，口蜜腹劍，但他比李林甫高明多了，在不知不覺中，不露聲色地把人害了，人們還會覺得他在挽救自己。可見其手段之高明。他想要推薦某人，絕不大張旗鼓地去提名爭取，而是授意某人，讓他先提出來，自己隨後馬上附和。這樣往往具有很大的欺騙性，誰也不會說他恃權植黨。如果要排擠誰，他也絕不明目張膽地大加撻伐，而是首先弄出一些事情讓你不滿，當你按捺不住首先動怒的時候，讓人看到是你首先挑起爭論，而他依舊不與你正面衝突，讓你火氣越來越大，最後他再到皇上那裡奏一本，皇上便將你或貶或調離。這樣他又可不擔排擠大臣的惡名。

講官姚希孟，曾為東林黨的官員所敬重。又因為才名較高，也很為皇上倚重。溫體仁看他受到皇上的恩寵，心生妒忌，擔心他將來可能會威脅到自己的地位，便想方設法把他搞掉，終於借端把他排擠到南京翰林院。

權臣的一個最大的特點是嫉賢妒能，弄權者的目的在於保住自己的地位不受侵犯，至於國家的利益是否受損那就顧不上了。起用庸人和小人往往成了權臣用人制度上的一個特色，小人阿附，庸人聽話。

當時魏忠賢的遺黨也在窺探朝中政局，他們並不甘心永遠退出政治舞臺。溫體仁的所為，使他們重新看到了希望。於是早已被崇禎皇帝定為逆案的魏氏黨徒，便把翻案的希望寄托在溫體仁身上，準備再與東林黨人決一勝負。於是他們加緊勾結攀附溫體仁，而溫體仁對東林大臣早有成見。他們多是正直有為之人，不僅不阿附自己，還常常找自己的毛病。於是溫體仁便策劃起用逆黨成員，以鞏固擴大自己的權勢。恰好吏部尚書、左都御史缺員，溫體仁便暗中指使侍郎張捷推薦逆案分子呂純如。由於逆案是崇禎二年所定，逆案成員攀附魏氏禍國殃民，其成員永不敘用已有成文。張捷此舉使輿論嘩然，朝中議論紛紛。崇禎皇帝對此也十分氣憤，下詔斥責張捷。溫體仁的精明就在這裡，他讓張捷舉薦只是投石問路，如果朝中上下沒有反應，他便可能站出來附和，而眼下皇帝都火了，他也只好裝做與己無關，張捷也就自認倒楣吧。溫體仁趕緊上疏薦謝陞、唐世濟補上了此缺。

雖然在舉薦逆黨的問題上碰了釘子，但是溫體仁並不甘心。這絕不是溫體仁不識時務，明知不成也硬往南牆撞，他有他的打算。逆黨雖已定成案，但其遺黨還大有人在，如果能翻此案，其他好處不說，至少擴大了自己的政治勢力。於是他又唆使唐世濟上疏推薦逆案成員霍維華，結果又失敗了。唐世濟由此獲罪罷去了官職。從此，溫體仁才澈底灰了心，不敢再冒險了。一旦追查到他這，定下罪來也不是鬧著玩的。

溫體仁為逆黨翻案失敗後，便把全部精力用到了打擊、排斥異己上。在權奸的眼中，收買和打擊是相輔相成的。

崇禎八年，皇上有感內憂外患，旨令責人進講春秋，有裨治亂。當朝才士文震孟是研究春秋的名家，他是文徵明的曾孫，在同魏忠賢逆黨鬥爭中，不避危險，頗有時望。但其為人正直，識卓才高，因此為溫體仁所嫉恨。當次輔錢士升提到他時，溫體仁假裝大驚的樣子，拍著腦門說：「幾失此人。」無奈之中，又不得不把文震孟的名字報給皇上。崇禎皇帝對他的才識十分欣賞。不久皇上要增加閣臣名額，便召廷臣好幾十人試以票擬，結果特擢文震孟以禮部左侍郎兼東閣大學士入閣。

文震孟剛入閣時，溫體仁盡量表現得十分友好，每次擬旨必定找他相商。只要文震孟提出改動的地方，他都尊重文的意見加以改動。文震孟覺得溫體仁這人並非如傳言那樣驕橫，十分高興，有時對人說：「溫體仁虛懷若谷，哪像別人說的那樣奸詐。」同僚何吾騶暗示他說：「這人城府極深，怎可輕於相信。」

何吾騶的話說過僅十幾天，便應驗了。溫體仁每見文震孟票擬不當，便馬上讓他改。如果文震孟不服從他的意見，他便毫不客氣地給抹去。這使文震孟十分氣憤，有一次實在壓不住怒火，把疏稿扔到溫體仁面前以示抗議。這便是溫體仁慣用的伎倆，這也是要排擠文震孟的一個信號。

不久，文震孟和何吾騶推薦給事中許譽卿為南京太常卿。因為許譽卿是個剛正之人，曾因彈劾魏忠賢而被人稱譽。溫體仁也曾受到他的彈劾，早把他看成眼中釘，便指使吏部尚書謝升彈劾他與福建布政使申紹芳營求高官。溫體仁票擬將其貶謫。這個慣於揣度皇上旨意的小人，早就料到皇上一定會重改票擬。果然皇上把先前票擬發下重改，溫體仁便票擬貶許譽卿為民。文震孟據理力爭，但已無法挽回。文震孟諷刺溫體仁說：「言官遭到罷斥，是天下最光榮的事，多虧你成全了他。」這本是一句氣話，但是溫體仁為了整垮文震孟，抓住不放，忙上奏皇上。皇上聞奏大怒，將文震孟和何吾騶罷官。可惜文震孟入閣不到三個月便被擠出，其才不能盡用。足見溫體仁玩弄權術的手段之高明。

溫體仁為政數年，政績沒有多少，而在玩弄權術，讒害朝臣上大費心血。當時由於朝廷腐敗，民不聊生。農民起義如燎原之火，邊患也頻頻報警，溫體仁手足無措，但卻「日與善類為仇」，把個朝中弄得烏煙瘴氣。他不去抵禦邊關，撫慰百姓，只想怎樣保住權位。

很多朝臣對溫體仁表示不滿，一些正直之士紛紛上疏彈劾他的奸行。千戶楊光先抱著必死的決心，為自己準備好棺材，彈劾溫體仁殃民誤國的罪行。結果被重杖八十，遣戍遼西。

為了壓制朝臣的不滿情緒，打擊正直的大臣，溫體仁還指使誠意伯劉孔昭彈劾倪雲璐。同時又唆使給事中陳啟新彈劾黃景昉。禮部尚書陳子壯當面斥責溫體仁誤國，結果竟被削職下獄。遺憾的是，崇禎皇帝竟聽不進朝中諸臣的意見，對溫體仁信之不疑，令朝臣扼腕。

儘管如此，直言敢諫之士仍然抗爭不息。劉宗周上疏彈劾溫體仁有十二罪、六奸，接著不少宗藩勛臣也紛紛上疏，如王聿鍵、朱國弼等。但是越是彈劾溫體仁，崇禎帝就越覺得溫體仁無黨寡援，便越是對彈劾者加以嚴懲。很多言官不是被貶，就是被殺害。可悲的是崇禎帝被溫體仁迷惑得太深，不去考慮事情的變化，他哪裡知道溫體仁其實是最大的黨魁，難怪晚明政權瓦解得這樣快。

其實溫體仁自知作惡多端，一旦被揭露出來，後果不堪設想。在被他誣陷的千百朝臣中，很多是朝中重臣，如文震孟、何吾騶、劉宗周、倪雲璐以及周延儒等，一旦其中有哪位東山再起，事情就不好辦了。於是他以內閣為密務之地為由，規定所上皇帝密揭一律不得發抄，也不許留底，以消滅證據。

但是聰明反被聰明誤，他長期以奸計害人，結果卻被自己的奸計所害。崇禎十年，張漢儒檢舉錢謙益等人居鄉不法，溫體仁此時對錢謙益仍耿耿於懷，便想趁機置他於死地。便擬旨將錢謙益等下獄，嚴刑追查。錢謙益自知難解危困，便求司禮太監曹化淳相救。張漢儒探聽到這一消息後，忙向溫體仁報告。溫體仁密奏皇上，請皇上下旨把曹化淳一同治罪。但曹化淳是皇上的心腹內侍，便把溫體仁的奏疏給曹化淳看了。曹化淳十分驚懼，但他畢竟與皇上關係不一般，便自請查訪其中緣由。最終查出張漢儒的奸情和溫體仁的密謀。崇禎皇帝怒不可遏，他萬萬沒有想溫體仁竟如此欺騙自己，他表面裝得沒有黨援，實際上卻是結黨擅權的老手。一怒之下，下詔處死了張漢儒。同時將溫體仁罷官。一年後，溫體仁在人們的笑罵聲中死去。

大奸似忠，大佞似信。奸佞之輩的確常以忠信的面紗掩飾自己，但歷史終究會將其面紗揭去。

惑主陷臣，國破家亡

馬士英，字瑤草，貴陽人。出身書香門第，自幼飽讀詩書，也算有些才氣，明萬歷四十七年得中進士。他為人機敏刁滑，很會見風使舵，善於逢迎上級，因此官升得很快。成了進士後即被任命為南京戶部主事。不久便升任為郎中及嚴州、河南、大同三個府的知府，崇禎三年升任山西陽河道副使，崇禎五年又晉升為右僉都御史，巡撫宣州。如此神速的升級使馬士英感到仕途通暢，尤其少年得意，其野心也隨著升級。為了繼續往上爬得更快，在巡撫任上不過個把月的時間裡，竟動用官庫公帑好幾千金去賄賂朝中大臣，結果被鎮守太監王坤揭發檢舉，遭到削職遣送戍邊的處分，不久寄居在南京。當時閹黨阮大鋮因避戰亂也到了南京，倆人結識之後，臭味相投，打得火熱。與阮大鋮的結識，對馬士英一生有著十分重要的影響。

這阮大鋮何許人也？這裡有必要作一介紹。阮氏是安徽懷寧人，字集之，號圜海，為了附庸風雅，又取別號百子山樵，在詩詞歌賦方面造詣頗深，尤其文章作得好。他為人奸滑刁鑽，城府極深，尤其會溜鬚拍馬，見風使舵。萬歷四十七年，馬士英考中進士，當上南京戶部主事時，阮大鋮因沒能參加京試，由行人直接升為給事中，後因喪事辭官回家。

天啟四年的春天，阮大鋮守喪期滿，剛好吏部給事中缺員，阮大鋮的名次排列在首選者的後面，按資序，阮大鋮當補此缺。他有位同鄉左光斗，是當時朝中有名的御史，他為官清正，剛直不阿，對朝中事敢於犯顏直諫。他認為阮大鋮無論從才能還是從資序上都應補此空缺，於是傳書將阮大鋮招回。但是趙南星、高攀龍、楊漣等也是敢諫之士，他們認為阮大鋮為人輕浮，心胸狹隘，暴躁無常，不可以擔任此職，一致推薦魏大中補此缺。阮大鋮回京後，左光斗將其改薦到工部任郎官。阮大鋮心存怨恨，於是投靠到宦官魏忠賢門下，拜魏忠賢為乾爹，並與霍維華、楊維垣、倪文煥等人結成死黨。受魏忠賢的指使，他參與了陷害反對宦官專權的東林黨大臣左光斗、楊漣等「六君子案件」，並伙同崔呈秀等人編制《百官圖》，把東林黨人的名單排列其中，企圖把他們一網打盡。崇禎皇帝即位後，將依附魏忠賢的閹黨定為「逆案」，御史毛羽健彈劾阮大鋮的奸行，作為閹黨重要人物被削籍為民，後避居南京。他在南京修造了一個「石巢園」，招納了很多遊俠之士談兵論劍，企圖等待時機，東山再起。當時復社的著名人士顧杲、楊廷樞、沈士柱、黃宗羲等人聚集在南京講學，他們對阮大鋮深惡痛絕，聯名一百四十人作《留都防亂揭》以驅逐阮大鋮。阮大鋮被弄得聲名狼藉，十分害怕，被迫閉門謝客，只有馬士英成了他深交結納的重要客人。

阮大鋮雖隱居在石巢園中，但他時時在關注著局勢的發展，一有風吹草動，他便想伺機而起。崇禎十四年曾被罷相的周延儒由於東林黨人的推薦，崇禎皇帝下詔復其職。阮大鋮聽到這消息，立即帶上重金在維陽拜見周延儒，請求援引，以洗雪自己過去的恥辱。這使周延儒十分為難，他直截了當地向阮大鋮說：「我此次官復原職，全是由於東林黨大臣的推薦，但你的名字現在還列在逆案中，馬上推薦你恐怕有困難。」阮大鋮感到有些失望，但既然自己已經向其賄以重金，他也不能白拿錢。他沉思了好一會兒，覺得如果把馬士英拉起來，對自己日後的復出也會大有好處的，於是對周延儒說：「如果我現在不行，那麼就推薦馬士英吧。」周延儒覺得馬士英只是經濟上有問題，還沒被列入閹黨逆案名單中，將來提攜也不會遇到太大阻力，便答應進京後一定大力推薦他。

明朝末年，李自成、張獻忠領導的農民起義軍迅速在南方和北方發展壯大起來，他們所到之處無不讓明軍膽寒。崇禎十五年，張獻忠率部攻克了亳州、舒城、六安、廬州、廬江等地，給了明朝統治者很大的打擊，朝野為之震動。鳳陽總督高斗光因為在短短的四個月中連失五座城池，被逮捕下獄治罪。禮部侍郎王錫袞十分賞識馬士英的才能，便向崇禎帝推薦。周延儒作為首輔，從中積極相助，於是馬士英便被任命為兵部右侍郎兼右僉都御史，總督廬州、鳳陽等處軍務。

馬士英從此得以東山再起。但是他沒有把自己的才能用在正經的地方，而是結黨營私，陷害忠良，竊據首輔，干亂朝政。

崇禎十七年元月，農民起義軍領袖李自成在西安建立大順國，接著率兵攻取太原、大同、宣府、昌平等地，直逼北京，崇禎皇帝於三月十九日在萬歲山自殺身亡。在留都南京的明朝大臣們聽到崇禎皇帝自殺、北京陷落的消息，無不大驚失色。國不可一日無君，他們在倉忙中議立新的皇帝。可是明朝皇室後裔福王朱由崧、潞王朱常芳當時都為躲避起義軍的戰火來到淮安。立誰為新皇帝，在當時大臣中間引起了很大的紛爭。按照「立嫡不立庶」的慣例，應當立福王朱由崧。因為他是萬歷皇帝之孫，福王朱常洵的兒子。當時萬歷帝想立朱常洵為太子，因東林黨大臣的反對，才立長子朱常洛。朱常洵後被李自成起義軍處死，朱由崧逃到南方，繼承其父的福王爵位。而潞王朱常芳是萬歷皇帝的侄子，為庶出，嚴格來說不該由他來繼承皇位。但是一些大臣們擔心福王立為君後，福王會追究「妖書」、「梃擊」和「移宮」等案子，而推立潞王為新皇帝不但不會有後顧之憂，並且還可以邀功領賞。出於各自的利益，大臣們圍繞立新君的問題，展開了一場鬥爭，而這場鬥爭的結果，便決定了大臣們日後的命運。

當時已廢的前禮部侍郎錢謙益極力主張立潞王為君，兵部侍郎呂大器積極贊助，前山東按察使僉事雷縯祚、禮部員外郎周鑣則往來游說、上下活動，廣為串聯以促成其事。右都御史張慎言、詹事姜日廣致書兵部尚書史可法說：「福王按倫序當立，但有七不可：貪、淫、酗酒、不孝、虐待下屬、不讀書、干預有司。潞王賢明，當立。」史可法也左思右想，同意擁立潞王。

當時身為兵部右侍郎兼右僉都御史的馬士英正握重兵駐防廬州、鳳陽一帶，極力主張立福王，他暗中與阮大鋮計議後，聯合駐守長江沿岸的誠意伯劉孔昭及掌握軍事大權的江北四鎮總兵高杰、劉澤清、黃得功、劉良佐等人，傳信給駐守南京的參贊機務兵部尚書史可法，說無論從親倫輩序還是從賢德方面，立福王為新君是再合適不過的了。史可法先前接到張慎言等人的信，現在又有高杰等人的聯名信，他覺得雙方說得都有道理，實在難以決斷。史可法猶豫不決，只好召集大臣集體討論。在會上，持兩種不同意見的大臣們展開了激烈的爭論，互不相讓。吏科給事中李沾探明馬士英的意思，出言不遜，把呂大器臭罵了一頓，並聲色俱厲地威脅眾臣：「今天有持異議者死。」還沒等大臣們議出結果，馬士英已迅速率軍將福王朱由崧擁送到南京。許多大臣都不敢公開表示反對了，只好對馬士英作出讓步，確定由福王暫行監國。

福王即位新君，諸臣們又在決定內閣大臣問題上發生爭執。這是一次權力的重新分配，各方面都想趁機擠進最高權力機構。誠意伯劉孔昭堅決要進入內閣，史可法認為勛臣沒有入閣的先例，表示反對。劉孔昭覺得在立福王的過程中，馬士英立有大功，並且與自己有默契。可是眼下竟沒人提他，於是就大聲喊道：「我不可以入閣，那麼馬士英為什麼不可以入閣呢？」他這一喊，史可法及各大臣都不好再加以反對，在福王的支持下，馬士英升任東閣大學士兼兵部尚書、都察院副都御史，與史可法和戶部尚書高弘圖並列為內閣三輔，仍舊出鎮鳳陽督師。

馬士英位列宰輔，便開始為謀取更大的權力打擊朝臣。他此時首先要排擠的便是首輔史可法，他用十分卑鄙的手段，將史可法在給他的信中復述張慎言等開列立福王「七不可」的事告訴福王，並連信也一同呈上。並且暗中指使高杰、劉澤清上疏朝廷，讓史可法到外面負責督統淮、揚二州的軍隊，而馬士英自己則留在京城輔佐朝政。當時清兵正大舉南下，從大局著想，史可法不得不請赴淮、揚二州督軍。馬士英取代史可法為首輔，主持朝政，完全壟斷了南明小朝廷的一切大權，諸臣無不為之側目。不久朝廷中論議推立之功，馬士英又加拜太子太師，蔭子錦衣衛指揮僉事。不久朝廷又追敘馬士英在長江北岸的戰功，晉位為少傅兼太子太師、建極殿大學士。第二年，又進升為太保。

崇禎十七年五月十五日福王登基，改國號為弘光。就在南明小朝廷建立不久之時，中原地區大部分郡縣幾乎已全被清軍占領，高杰戰死在睢陽，各軍事重鎮的兵權無人統領。有的掌兵之將各自為政，不聽中央號令。左良玉擁兵在南京上游，驕橫跋扈、懷有異心。可是馬士英掌握大權之後，沒有富國強兵的遠大志向，一味地排斥異己，樹立黨羽。為了達到他個人的目的，他秉政後的第一件事便是起用阮大鋮。福王最初可能是受史可法等人的影響，曾經下詔說：「魏忠賢逆案不可輕易推翻。」但馬士英卻暗中指使劉孔昭、湯國祚、趙子龍等連續上疏攻擊張慎言，誣其結黨營私，不識大體，直到把張慎言罷免才完事。他們還在馬士英的唆使下，極力推薦阮大鋮，吹捧他通曉兵事，可以大用。其實阮大鋮早就同南京守備太監韓贊周相處得十分親密，北京陷落後，皇宮中不少太監逃到南方，阮大鋮通過韓贊周的關係與他們廣為結交，並別有用心地在他們面前誇大事實和製造謠言，大講東林黨人如何打擊鄭貴妃，反對立福王為太子的事，令宦官們將他說的事傳給福王，以討好福王，並陰謀離間福王與史可法等屬東林黨大臣的關係。那些無知的貴人和宦官們因此對阮大鋮交口稱讚。同時馬士英也在福王面前說阮大鋮在立福王的問題上如何有功，並極力為阮大鋮辯白，說東林黨人將阮大鋮定為依附魏忠賢謀逆罪是沒有事實根據的。昏庸的福王在馬士英的鼓噪下，同意召見阮大鋮。

阮大鋮真是打蛇隨棍上，在覲見福王時專門獻上《守江策》，簡述防守長江的策略，並對福王哭訴自己是如何懷有赤誠的報國之心，竟被東林黨人孫慎行、魏大中、左光斗等誣陷而遭受長期迫害。同時還誣陷魏大中一向心懷叵測，圖謀不軌。對阮大鋮的醜惡表演，滿朝大臣無不氣憤。大學士姜日廣、侍郎呂大器、懷遠侯常延齡等一致上疏揭露阮大鋮不僅依附魏忠賢，並且是魏氏宦黨謀逆案的魁首之一，千萬不能起用此人為官。呂大器同時還參劾馬士英，指明他結黨營私，為崇禎皇帝欽定逆案解案的罪行，並且告誡如果讓他們的陰謀得逞，國家將永無寧日。馬士英也上疏極力為阮大鋮辯白，而且攻擊姜日廣、呂大器等人結為朋黨，堵塞賢路，不僅如此，還暗中勾結、收買建安王朱統鏤等聯名上疏誣蔑陷害他們。因為大學士高弘圖在崇禎朝當御史時，對東林黨人的作法表示過反對，馬士英自以為他肯定會替自己說話，便對福王說：「高弘圖平常很了解我的情況，您問他就行了。」哪知高弘圖已經覺察馬士英與阮大鋮互相勾結，危害朝廷，便上疏建議福王：「魏忠賢宦黨逆案以及所牽連的人員，都是先皇所欽定，絕不可以擅自改變。」馬士英弄了個大紅臉，不覺惱羞成怒，起而與高弘圖力爭，高弘圖義憤填膺，以辭職相抗爭，馬士英被迫暫罷重起阮大鋮之議。雖然如此，但是馬士英並沒有就此罷休，阮大鋮對他十分重要，這不僅僅是報當年阮氏對自己舉薦之恩，而是馬氏要想在朝中立足，缺了這個幫手不行。又經過一個多月的奔走，馬士英通過威脅、收買等手段大肆活動了一番，最後指使安遠侯柳祚昌出面上疏推薦阮大鋮，自己則躲在背後支持，福王沒辦法，同意起用阮大鋮，任命他為兵部添注右侍郎。阮大鋮是魏忠賢的走狗，前朝大臣們哪個不曉，他跟著魏氏陷害東林黨大臣的罪行歷歷在目，如今他又東山再起，又將耀武揚威地在朝中橫行，滿朝皆驚。左都御史劉宗周堅決反對，他憤然上疏陳言：「前在北京，魏大中被誣害，兇魁雖為魏忠賢逆黨，而真正的主使者實為阮大鋮。儘管阮大鋮如人所言頗具才略，但臣實在擔心阮氏賊性不改，繼續結黨害人，其才終要病世誤國。阮大鋮一人之進退，實關係南明之興亡，乞請主上廢止成命。」福王被馬士英的妖言所惑，不但不聽劉宗周的忠言之勸，反而使阮大鋮以兵部侍郎職兼右僉都御史，主持江防軍機。第二年又升任兵部尚書兼右副都御史，仍巡視長江防務。從此，南明小朝廷的軍政大權便控制在馬士英、阮大鋮手中。

馬士英、阮大鋮掌握大權之後，更是肆無忌憚。他們一邊往各機構安插死黨，一邊繼續排斥打擊對他們有威脅的大臣。一時間，南明小朝廷被搞得烏煙瘴氣，國不像國。他們內結宦官田成之流，對外則與勛臣劉孔昭、朱國弼、柳祚昌、鎮將劉澤清、劉良佐等相勾結。馬士英同時還重新起用原魏黨逆案中尚存的人物，如楊維垣、虞廷陛、郭如闇、周昌晉、虞大復、徐復陽、陳以瑞、吳孔嘉等人。對在魏氏逆案中死亡之人，馬士英也都盡數給予撫恤。

而對像張孫振、袁弘勛、劉光等曾在前朝獲罪的官員，也大加起用，把他們任用為諫官，使之成為自己的爪牙。一時間朝廷政治混亂，賄賂公行。馬士英、阮大鋮的倒行逆施，激起弘光小朝廷中正直大臣的無比憤怒，在馬士英、阮大鋮的排擠下，不少大臣只好上疏辭職。

大學士姜日廣首先辭職，在辭呈中描述了朝中的混亂狀況，希望福王對馬士英、阮大鋮之流要加以提防，最後他沉痛地說：「臣待罪南扉，半壁東南，有同暮雀，愧無死地，終夜拊膺，願乞骸骨還鄉里。」他的辭呈所指，事事屬實，句句在理，馬士英怕福王發現他的陰謀，便立即組織黨羽以「誹謗先帝、誣蔑忠臣」的罪名，輪番上疏對姜日廣進行攻擊。並且還採取了十分下流的手段對其進行陷害，福王不明真相，便下旨同意姜日廣辭職。在入朝向福王辭行的那天，姜日廣當著滿朝大臣的面，向福王誠懇地表示：「我觸忤了權奸，自認為萬死不赦，今蒙皇上寬大？允許我還鄉，我回到家鄉後，還照樣會以國事為重的。」站在一邊的馬士英對權奸二字十分敏感，他甚至控制不住自己的情緒，狂怒地喊叫：「我是權奸，你是老不死的。」失態之極。他對著姜日廣破口大罵之後，急忙向著福王跪下，叩了幾個頭後說：「我從滿朝異議中擁立陛下做皇帝，現在願以犬馬餘生歸老貴陽。如果陛下留我，我將來只會有一死。」他故意利用福王對一些大臣反對自己當皇帝十分氣憤的情緒，挑起福王對姜日廣等大臣的不滿。而自己是力排眾議支持擁立福王的極少數人，自然會得到福王的倚重。他真是得理不讓人，剛給福王叩完頭，便躍起來質問姜日廣：「當時你為什麼要求立潞王當皇帝，是什麼用心？」他步步緊逼。姜日廣也不甘示弱，據理力爭。二人在朝堂上互不相讓，最後竟然互相對罵起來，吵得難分難解。

姜日廣的辭職，使很多忠直的大臣看到南明朝廷在馬、阮二人的控制下，已經不可救藥，尤其在他們的打擊排斥下，幾無生存之地。劉宗周、高弘圖也紛紛提出辭職。劉宗周在辭呈中非常誠懇地向福王提出五條建設：「修聖政，振王綱，明國事，端治術，固邦本。」此時的福王已完全被馬士英等奸臣迷惑，根本不予理睬。高弘圖更是尖銳地提請福王「逆案不可翻」，並建議他把宰相史可法召回任首輔主持朝政。福王都充耳不聞，視而不見。於是高弘圖、劉宗周等憤然離開朝廷。

馬士英、阮大鋮等排斥了一批正直大臣出朝廷之後，更加快了網羅黨羽、打擊異己的步伐。阮大鋮對東林黨人及復社人士反對自己復出，恨之入骨，他時時在找機會進行報復。首先，他以北京失陷後，有些東林、復社人士投降李自成農民軍等事例為借口，製造了震驚朝野的「順案」。他同馬士英串通一氣，上疏彈劾曾歸順「大順」農民軍的東林黨人光時亨等人，接著便東拉西扯，大搞株連，沾邊就賴，逮捕了顧杲和左光先等人。又彈劾誣陷周鑣、雷縯祚等蓄謀不軌，橫加殺害，受誅殺和遭貶被流放的官員達數十人。

不久，阮大鋮又預謀策劃了「大悲僧」案件。這大悲和尚素性癲狂，一六四四年冬天，他夜敲南京洪武門，被京營戎政趙元龍的部下抓住。在審訊的過程中，該和尚語無倫次，一會說自己是烈皇，一會又稱自己是齊王，一會又稱自己是潞王之弟。阮大鋮看這是個瘋和尚，便心生一計，想借此誅除自己的政敵。於是偽造了所謂「十八羅漢，五十三參」的名單，把史可法、姜日廣等當時重要的所有官員全列其中，然後再把這個名單放在大悲和尚衣袖中。隨後暗中指使親信上疏揭發，南明朝廷被搞得人心惶惶。

同時，為了擴大自己的勢力，馬士英伙同阮大鋮又廣收賄賂，隨便賣官鬻爵，大發橫財。很多從北方逃到南邊的官員，只要花錢賄賂，便可以官復原職。就是一般的士卒，如果給足了錢財，也可以弄個總兵元帥當當。當時有句順口溜，十分準確地描繪出了腐敗的南明政權：「官職大員賤如狗，都督大帥滿街走。」

就在馬士英排斥打擊朝中大臣、爭取奪利的時候，清軍正南下進攻，南明政權已處在萬分危急之時。

一六四四年末，清朝軍隊推進到宿遷、邳州一帶，但沒過多久便又北歸。史可法傳警京師，要求加強防範。馬士英見了史可法的奏章竟譏笑不已，他的座上客楊士聰詢問因何而笑，馬士英造謠說：「你們以為真的有清軍南侵這回事嗎？這乃是史可法邀功請賞的妙計啊。眼看年末就到來了，河防將吏將要應命敘功，馬上要結算所耗費的軍餉，史可法此次來書正是為了解決這些問題而偽造的假消息，以便請賞罷了。」真是以小人之心度君子之腹，馬士英全部的心思全用在了整人上，對國家的安危根本不掛在心上。侍講衛胤文當時兼任給事中，負責監視高杰的軍隊，高杰戰死後，衛胤文秉承馬士英的旨意，竟然上疏將高杰的死歸罪於史可法統軍無方的結果。馬士英和阮大鋮立即把衛胤文提拔為兵部右侍郎，總督原高杰的部隊，企圖用衛胤文來分離和削弱史可法的兵權，使史可法更加無法實現自己的宏圖。

寧伯侯左良玉擁有八十萬大軍，駐紮在武昌以守衛長江上游。由於他功勛卓著，被人們視為東林舊臣的有力後盾。馬士英對他怕得要命，恨得要命，認為他是自己的心腹大患。表面上不敢得罪他，假意搞好關係，背地裡卻在想辦法對付他。在馬士英剛當首輔時，左良玉命守備太監何志孔、巡按御史黃澍等入朝拜賀，在覲見福王時，黃澍在左良玉的支持下，當面痛斥馬士英的奸行。當朝見禮畢時，黃澍馬上呼奏道：「我今天已經準備好了棺材，誓以死擊奸賊！」福王十分吃驚問：「奸賊是誰？」黃澍也不客氣，指著馬士英說：「這奸賊就是馬士英，此賊萬死猶有餘辜。」同時揭露馬士英等奸貪不法，並揭露他曾接受過張獻忠部將周文江的重賄和封賞，罪不容赦。黃澍越說越激動，邊哭邊訴，有根有據。還沒等他揭發完，太監何志孔馬上作證說：「黃御史所列馬士英穢行完全屬實，我當時奉差在側，可以作證。」他一邊對天發誓，一邊往馬士英身上吐口水。馬士英嚇得魂飛魄散，慌忙跪下，請求福王寬恕。福王被黃澍的言行所打動，當天晚上，便命令司禮太監韓贊周去催促馬士英趕快辭職。可是這韓贊周原是阮大鋮的心腹，見事情如此緊張，便玩弄手段，這邊勸福王三思而後行，那面便立即通知馬士英，讓他早些做打算。馬士英得到這一消息後，表面上說自己有病，請求辭去職務，私下卻用重金賄賂宦官田成、張執中等人，請他們向福王求情。這些人受了賄賂之後，根本不顧及國家安危，進宮向福王求情：「皇上如果不是馬公擁戴，便不能即位。今天如果您罷了他的官，天下人會議論您背恩忘義。」福王便沒了主意，又對馬士英加以挽留。馬士英受了黃澍的一番奚落指責後，對其痛恨極了，在他回武昌後，馬上找個理由把他免職，後來又借口將他下獄。左良玉手握重兵，暗中讓將士們呼籲釋放黃澍，並聲稱如果不釋放他，將士們就將到南京索要糧餉。馬士英嚇得慌了手腳，只好放還黃澍，讓其留在左良玉軍中。從此之後，馬士英恨透了左良玉，但也最怕左良玉。

這件事平息不久，忽有一個人從江北來到南京福王王府，稱自己是崇禎皇帝的太子朱慈娘。在北京被攻陷後，人們只知道太子被李自成抓走，生死不明。今天人們聽說太子回來了，不覺嘩然以為真。說也巧，又有一位姓童的婦女自稱是王妃。此事鬧得京城沸沸揚揚。太子的到來，關係到福王的地位，關係重大，如果這個年輕人是真太子，福王必須把皇位讓給他。馬士英為了保住自己的地位，也不調查是真是假，下令將二人逮捕下獄，準備治以重罪。但是各地鎮將紛紛上疏為太子及童妃說情。福王急忙命典獄出示獄詞，但輿論更加不滿，都說是馬士英等引誘福王誅殺太子，許多重臣義憤填膺。在一次軍事會上，左良玉對袁繼咸、黃澍說：「我輩戮力疆場，只為報效朝廷。不料馬士英一伙朋比為奸，陷害正人。只有廣個史閣部（指史可法）為國謀劃，卻被馬、阮掣肘，不得其志。剩下我單身隻手，怎麼去恢復中原。」當時群情激憤，紛紛要求鏟除福王身邊的奸賊。黃澍鼓動說：「如今國難當頭，當以社稷為重，我的意思不如索性引兵東下，清除奸黨。」左良玉表示贊同。

不久左良玉向各地發送檄文，聲討馬士英、阮大鋮的罪行，表明其「清君側」的決心。左良玉為出師有名，向福王上疏說：「逆賊馬士英無日不聞其罪行，無人不恨其奸邪。皇太子至南京，馬士英以真為假，必欲置之死地而後快。臣與此奸賊不共天日。現臣提師在途，將士皆目指發，人人必欲食其肉。」送出給福王的上疏，左良玉率三十六營大軍沿長江東下，直奔南京。

馬士英嚇破了膽，忙派阮大鋮、朱大典等人進行抵抗，以阻止左良玉部隊的進攻，並下令撤掉了長江北岸劉良佐的防衛部隊，命他向西調動，使江北門戶洞開，清軍乘機揮師南下。史可法連忙上疏，請求不要調開劉良佐北江防御部隊：「左良玉部不過以清君側為名，不敢過分難為朝廷。現在當務之急是抵禦清軍，倘若清軍突破江北大營防線，南京就保不住了。」同時表示願親自前往左營進行調停，但馬士英堅決不同意，繼續調動部隊。在清軍日趨南下的緊急時刻，大理寺少卿姚思孝等人紛紛要求馬士英不要撤江北防軍，死守淮、揚。馬士英此刻把個人的安危看得比封建朝廷更重要，他知道一旦左軍打來，他會死無葬身之地。於是他無恥地罵道：「你們這些東林黨人，還想借口防禦長江，打算縱容左良玉入侵京師嗎？清朝的軍隊到時，我還可以議款求和，如果左良玉的叛兵殺到，你們這些人都會升官，而我和皇上只有死路一條了。」他根本不理睬大臣們的勸告，繼續調兵西進，使北岸防衛更加薄弱。

這時左良玉的兒子左夢庚殺死其父，他掌軍之後，連下數城，在進攻采石磯的途中，受到了黃得功等部的抵抗。就在他們相持不下的時候，清軍已攻克揚州，直指南京。福王倉皇出逃，馬士英也狼狽逃遁。馬士英在清軍的圍追堵截中，走投無路，最後被清軍俘獲，他想以投降來保存性命，結果還是被清軍處死。

馬士英為了個人的權力，無情地打擊陷害朝臣，結果衛國無人，使南明半壁江山也毀於一旦，自己也落得了喪身殞命的下場。

以害人起家，必以害己告終。

歷代皇朝風雲實錄②：相位爭奪

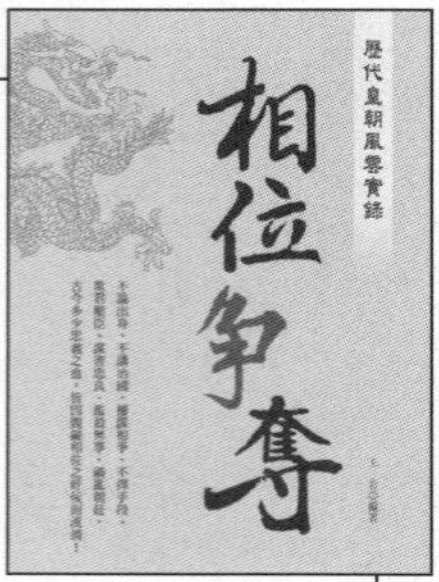

作　　者　王　若
發 行 人　林敬彬
主　　編　楊安瑜
編　　輯　黃谷光
內頁編排　王艾維
封面設計　王艾維
編輯協力　陳于雯・曾國堯

出　　版　大旗出版社
發　　行　大都會文化事業有限公司
11051 台北市信義區基隆路一段 432 號 4 樓之 9
讀者服務專線：（02）27235216
讀者服務傳真：（02）27235220
電子郵件信箱：metro@ms21.hinet.net
網　　　址：www.metrobook.com.tw

郵政劃撥　14050529 大都會文化事業有限公司
出版日期　2015 年 08 月初版一刷
定　　價　280 元
I S B N　978-986-6234-85-9
書　　號　History-66

◎本書由遼寧人民出版社授權繁體字版之出版發行。
◎本書如有缺頁、破損、裝訂錯誤，請寄回本公司更換。

Cover Photography: imagemore/19788020,19788048.

大旗出版 BANNER PUBLISHING　大都會文化

國家圖書館出版品預行編目 (CIP) 資料

歷代皇朝風雲實錄②：相位爭奪 / 王若 編著.
-- 初版. -- 臺北市：大旗出版：大都會文化發行, 2015.08
272 面；17×23 公分

ISBN 978-986-6234-85-9（平裝）
1. 帝王 2. 傳記 3. 中國

782.27　　104013161